JN438921

돌아오지 않는 연어

도무웅 수필집

북랜드

도무웅 수필집

돌아오지 않는 연어

초판 인쇄 | 2018년 2월 10일
초판 발행 | 2018년 2월 15일

글쓴이 | 도무웅
펴낸이 | 장호병
펴낸곳 | 북랜드
서울 강남구 강남대로 320 황화빌딩 1108호
대표전화 (02) 732-4574 | (053) 252-9114
팩시밀리 (02) 734-4574 | (053) 252-9334

등 록 일 | 1999년 11월 11일
등록번호 | 제13-615호
홈페이지 | www.bookland.co.kr
bookland@hanmail.net

ISBN 978-89-7787-745-0 03810

값 16,000원

돌아오지 않는 연어

| 책을 내면서 |

집 가까운 수변공원을 거닙니다. 나무들이 가지마다 봉긋봉긋 새 움을 틔울 준비를 합니다. 이 무채색 계절에도 자연은 저렇게 또 희망찬 한 해를 준비하면서 부지런히 내일의 꿈을 꾸고 있습니다.

흔히 내가 서 있는 공간은 광막한 우주의 한 티끌에 지나지 않고 내가 살아온 시간은 무한한 시간의 한순간에 지나지 않는다고들 합니다. 그 찰나의 순간을 위해 큰 노력을 하지요. 일흔 나이의 중턱을 넘어 뒤돌아보니, 남은 것 없고 하잘것없는 발자취밖에 보이지 않아 씁쓸한 미소가 지어질 뿐입니다.

몇 해 전 큰 병을 앓고 난 뒤, 문득 나름대로 삶을 정리해야겠다는 절박함이 떠올랐습니다. "수필은 청춘의 글이 아니요, 서른여섯 살 중년을 넘어선 사람의 글이며, 정열이나 심오한 지성을 내포한 문학이 아니요, 그저 수필가가 쓴 단순한 글이다"라고 피천득 선생은 말하였습니다. 그 글을 접하고 용기를 내어 그동안 살아온 내 삶의 일 장 일 막을 정리하고 싶었습니다.

막상 그 길에 들어서고 보니 쉽지가 않았습니다. 문학이라는 부분이 시간만 가면 되는 것이 아니고 노력만 한다고 해서 되는 것도 아닌 것 같습니다. 길은 갈수록 어려워지고 힘들어지는 것이 아닌가 합니다. 한참을 문학수업을 하며 달려왔다 생각했지만, 목표로 하였던 삶의 정리는 제대로 하지 못한 채 아직 입구에서 삶의 주변을 서성거리고 있는 자신을 발견했습니다.

이『돌아오지 않는 연어』는 그런 동안의 제 삶 주변의 이야기들을 모은 잡기입니다. 문학이라고 하기엔 너무나 못 미치고, 삶의 화두를 말하고 철학을 담아내기에는 턱없이 부족합니다. 그런데도 이처럼 용기를 낸 것은 '살면서 아이 하나 낳고, 책을 한 권 내면 잘 산 인생' 이라는 스페인의 속담을 접하고부터입니다.

그 이야기에 용기를 얻어 졸문을 엮기로 했다면 자위의 변명인지도 모릅니다. 매미가 몇 번의 허물벗기를 한 뒤 마지막 한 번의 우화로 세상에 태어난다고 합니다. 그 심경으로 저의 첫 허물을 여기 벗어 놓습니다. 아직도 갈 길은 먼 것 같습니다.

한 가지의 기쁨이라면, 제 모든 삶의 그루터기로서 외아들을 낳아 길러주셨으며 아흔넷 여생을 아직도 변함없이 곁에서 지켜주시는 노모에게 평생 은혜의 작은 보답으로 머리맡에 이 책을 놓아드릴 수 있게 된 것입니다.

여러 가지로 바쁘신 가운데서도 초름한 글들을 다듬고 정리하는 데 많은 도움과 격려를 아끼지 않으신 곽홍렬 교수님께 큰 감사를 올리며, 함께하였던 문우님들과 아내에게도 아울러 고마운 인사를 드립니다.

2018년 새봄에

曉巖 도 무 웅

차례

1
나의 가장 젊은 날

2
솔정자의 꿈

3
비빔밥 인생

4
일장 일막

5

돌아오지 않는 연어

1

나의 가장 젊은 날

1mm의 갈등

서둘러 병원으로 달려갔다. 아내의 아침 첫 수술 순서가 잡혀 있기 때문이다. 신경외과 병동, 환자에겐 투병의 지친 하루가 열리는 시간이기도 하다. 6인실의 수술 병동은 아침 특유의 차분함과 묘한 긴장감이 교차되고 있다. 아내의 모습을 살피니 피곤한 기색이 역력하다. 밤새 수술 걱정 때문에 잠을 설친 것이 틀림없다. 괜찮으냐고 물으니 말없이 희미하게 웃는다.

인간은 생로병사의 사이클 속에서 삶을 엮어간다. 살면서 질병은 피할 수 없는 멍에다. 그것은 신이 인간에게 내린 시련과 인내의 강江인지도 모른다. 판도라의 상자가 열린 이래 그것은 많은 사람들에게 피할 수 없는 재앙의 산물이다.

건강했던 아내가 마흔 나이를 넘기며 당뇨를 시작으로 고혈압, 신경증 등의 투병 길에 접어들었다. 이번은 뇌동맥류라고 했다. 전날, 인턴의醫가 수술동의서를 앞에 놓고 설명을 해 주었다. 수술 중 뇌출혈 또는 뇌경색으로 인한 위험한 이차 수술의 확대 가능성과 최악에는 걸어 들어와서 죽어 나갈 수도 있다고 하는 것이 아닌가. 으레 하는 소리로 여겼지만 왠지 뒷목덜미가 뻣뻣해 왔다. 아들, 딸에게도 설명을 하고 동의까지 요구했다. 일말의 두려움과 수술에 대한 후회 같은 것이 밀려왔다.

조금 떨어진 휴게실에서 아내가 눈은 TV를 향해 있었지만, 귀는 인턴이 하는 말에 모든 촉각을 곤두세워 듣고 있었다. 그것을 미처 깨닫지 못했다. 동의서에 서명하고 아내의 곁에 앉으며 태연하게 일렀다. 아주 간단한 시술이니 걱정 말라 한다고 하니 아내는 오히려 차분하게 대답했다.

"나도 다 들었어요. 세 시간이 어디 간단한 수술이에요?"

아차! 싶었다. 불안해하는 표정에 신경 쓰였으나 할 말을 잇지는 못했다.

두려움이란 매우 큰 심리적 압박을 가져다주는 것이 아니겠는가. 손가락 끝의 조그마한 상처도 견딜 수 없는 고통으로 느껴지는데, 전신마취를 하고 복잡한 뇌 속의 혈관을 건드린다는 사실 자체의 상상만으로도 아내에겐 너무나 큰 정신적 고통을 주는 것이리라. 따로 위로할 말을 찾을 수 없어 안타까웠다.

아이들한테는 알리지 않았다. 그들도 각자 나름의 삶의 궤적을 그려가는 생활인이 아닌가. 일상을 깨고 비상벨을 울리듯, 번거로움을 안겨주는 게 싫었다. 하지만 수련의가 자신의 임무를 마무리하기 위해 다그치는 말에 어쩔 수 없이 서울 큰딸의 전화번호를 일러주고 말았다. 통화를 한 큰딸도 적이 놀라 급히 내려온다고 했다. 모처럼 든든한 원군처럼 위안이 되었다.

아침 회진시간, 집도의는 그 분야의 권위자로 손꼽힌다고 평판을 듣는 사람이다. 뜻밖에 그는 한 시간 후에 수술 받을 환자인 아내에게 말했다.

"시술이 뇌 한가운데로 쉽지 않은 곳입니다. 어쨌든 잘 해 보입시다!"

놀랐다. 자신감을 실은 격려의 말이나, '쉽지 않다' 는 소리가 부담스러웠다. 아내를 돌아보니 아니나 다를까 불안을 숨긴 굳은 표정에서 찔끔 눈물까지 비치는 듯했다. 삶에 대한 본능적인 애착과 두려움 때문인가. 안쓰러웠다. 그 모습에서 혼란과 함께 심한 갈등이 밀어닥쳤다.

'K 선생님! 우리 환자, 수술을 뒤로 미루면 어떨까요?'

하마터면 이렇게 수술을 거부하겠다는 소리가 터져 나올 뻔했다.

신병 훈련을 받게 되면, 매를 먼저 맞고 졸업하는 이등병 계급장이 그렇게 부러울 수가 없다. 그처럼 수술이 끝나 링거 밀대를 밀고 다니는 환자가 역시 그랬다. 그들은 걸음을 제대로 걷지 못하지만 생사의 기로는 넘지 않았는가. 운명의 그림자가 건너야 할 깊은 강물처럼 두려움으로 다가왔다.

창밖은 때 늦은 가을비로 추적이었다. 붉은 벽돌 건물 벽 위에 누렇게 탈색된 담쟁이 잎이 밝게 반사되고 있었다. 오 헨리의 '마지막 잎새' 가 떠올랐다. 떨어지는 담쟁이 잎을 거꾸로 세고 있는 폐렴 환자 존시, 그녀를 위해 아래층 주정뱅이 노화가 베어먼은 떨어지지 않는 잎새를 그리느라 밤새 비를 맞으며 벽에 매달렸고, 그는 결국 꺼져가는 등불을 살려내지 않았는가.

맞은편 침대 주인은 나이가 많은 척추 수술 환자였다. 어제의 보호자는 젊은 아들이었는데 오늘은 나이 많은 깡마른 노인으로 바뀌었다. 남편인 듯하다. 이미 수술을 받은 그녀는 링거가 달린 보행기를 밀면서 다가와 아내의 손을 잡으며 말했다.

"수술 전은 엄청 두렵지요. 하지만 그건 금방 지나가니 염려 마세요!"

그녀는 디스크 수술이니 생사와는 거리가 멀다. 그럼에도 같은 환우로서 이심전심의 진정 어린 위로였다. 용기를 주는 마지막 잎새이길 바랐다.

지난밤, 인터넷 검색에서 뜻밖의 사실을 발견했다. 뇌동맥류 크기가 4mm 이하이면 굳이 수술하지 않을 수도 있다고 되어 있었다. 아내는 겨우 3mm라고 했으니 오히려 1mm가 작다. 그럼에도 집도의 K는 단호하게 수술을 주장했다. 수술하지 않으면 항상 시한폭탄을 안고 산다는 것이 그의 주장이었다. 병원에서 의사의 말은 절대적이다. 결국, 그의 말을 따를 수밖에 없었다.

점차 그 인터넷 정보가 뇌리를 떠나지 않았다. 수술 기준에 1mm가 못 미치는데 위험을 자초해서 수술을 꼭 해야 하는가 하는 강한 의구심 때문이었다. 그 갈등으로 심한 악몽까지 꾸었다. 그 꿈이 오늘의 일을 예지해주는 듯, 더욱 강한 자력으로 수술을 하고 싶지 않다는 쪽으로 의식을 몰아갔다.

삶과 죽음, 그것은 신의 섭리라고도 한다. 정해진 운명이 따로 있음에 스스로 목숨을 건 도박은 하고 싶지 않았다. 집도의 역시 신이 아니지 않은가. 마지막 재확인을 하고 싶었다. 하지만 회진을 마친 그는 다시 나타나지 않았고 어김없이 정해진 수술준비는 이미 진행되고 있었다.

드디어 수술용 침대로 아내는 옮겨졌다. 어쩔 수 없이 체념하고 이것 역시 주어진 운명이라 생각하며 모든 것은 시간이 해결해 준다고 믿기로 했다. 주사위는 이미 손을 떠났다. 조용히 아내의 어깨를 두드리며 말했다.

"당신, 한숨 푹 자고 나면 회복실에 와 있어. 염려하지 마요!"

실려 가는 아내의 침대 한 귀퉁이를 놓는 순간, 또 한 번 운명의 선택에 대한 미련 같은 것이 섬광처럼 강하게 머릿속을 스쳐 지나갔다.

살아오면서 선택의 갈림길에 서야 할 때가 많았다. 전공 선정에서 그랬고, 직장 결정에서도 그랬다. 배우자의 선택에서는 누구나 한 번쯤 겪지 않은 경우는 드물 것 같다. 삶은 이러한 갈등 속에서 후회도 하고 때로는 가슴을 쓸어내리면서 미래의 미로를 헤쳐 나가는 것인지도 모른다.

긴장된 세 시간의 긴 기다림을 수술실 앞에서 보냈다. 이틀을 중환자실에서 조바심했으며, 또다시 지루한 회복실의 날들을 거쳐 겨우 병원 문을 나설 수 있었다.

아내가 퇴원하는 날, 뜻밖에도 내게 양 무릎에 심한 관절염이 찾아왔다. 신경성이라고 했다. 1mm 짙은 갈등이 가져다준 선물이었다.

외짝 양말

삶은 후회의 연속이라고 한다. 후회란 이전의 잘못을 뉘우치는 일로, 때로는 평생 잊지 못하는 아련함을 남겨 줄 때도 있다.

지난 삶에서 되돌아가고 싶은 때를 꼽으라면 아이들의 중, 고등학생 시절이 될 것 같다. 생동감 넘치는 풍성한 삶의 자취와 함께 가정과 직장 그리고 학교에서 제 역할들을 조화롭게 잘 해 내던 시간이기도 했다. 그럼에도 연말이 다가오면 당시의 일로 일생 동안 지울 수 없는 부끄러운 순간이 생각난다.

어느 해 세모였다. 날씨는 추웠으나 성탄 캐럴이 거리에 넘쳐흐르고 바빠지긴 해도 즐거운 분위기로 휩싸여 들떠 있었다. 크리스천이 아니어도 크리스마스트리의 찬란한 불빛은 가슴을 설레게 하는 데에 충분했다.

당시, 나는 제조업 회사의 직장인이었다. 하필 성탄전야가 야간근무였다. 출근을 위해 집을 나서다가 거실에서 뜻밖의 광경을 목격하게 되었다. 크리스마스트리를 배경으로 세 아이의 방문에 양말들이 한 짝씩 대롱대롱 매달려 있는 것이 아닌가. 나가던 걸음을 멈추고 한참을 들여다보았다. 산타의 선물을 핑계 댄, 애교 섞인 아름다운 메시지였다.

선물처럼 마음 설레는 것은 없다. 특별한 날, 존경과 사랑을 전하는 마음의 표시이니 그것만큼 더 기쁜 일도 흔치 않다. 생각해 보니 그동안 아이들에게 특별한 선물을 준 적이 별로 없는 것 같다. 기껏 입학, 졸업 시의 새 교복이나 학용품 정도였다. 아버지와 함께 아름다운 추억을 갖고 싶다는 아이들의 따스한 마음이 흐뭇하게 와 닿았다.

내 초등학생 시절이 스쳐간다. 특별한 인연도 없었으나 교회를 나갔다. 그곳은 제2의 학교요, 놀이터였다. 찬송가를 배우고 성경 이야기도 들었다. 이른바 주일학교 학생이라는 이름으로 친구들과 교회에 몰려다녔다. 당시 성탄절이면 교회에서 공책, 연필 등의 학용품과 떡, 사탕 등의 먹거리 선물을 나누어 주곤 했다. 눈 내리는 성탄절 새벽이면, 골목까지 찾아와 부르는 성가대의 아름다운 찬송가 소리에 잠을 깬다. 노래를 마친 성가대원들의 도란거리며 뽀드득대는 발걸음 소리는 천사들의 방문처럼 아름다웠다. 마치 하늘의 은총이라도 받은 듯 가슴이 한없이 따스했다.

성탄절은 교인들만의 축제가 아니었다. 빨간 옷의 산타가 순록이 끄는 썰매를 타고 와서 선물을 준다는 방학 책 속의 이야기를 믿고 은근히 선물을 받는 기대도 했다. 순수한 그 동심의 세계가 잊힌 지 오래였다. 아이들의 그 한 짝의 양말이 수십 년 전, 아름답던 일들을 쉽게 일깨워 주었다. 잊고 지난 그리운 순간이기도 했다.

꿈같은 옛 추억의 파노라마가 끝나고 현실로 돌아왔다. 당황하지 않을 수 없었다. 아이들의 아름다운 초대장을 앞에 두고 어찌할 수 없는 순간이 아닌가. 전날, 고락을 함께하는 부하 직원들을 위해 호기 있게 다 써버린 텅 빈 호주머니가 나를 막다른 골목으로 몰아가고 있었다. 어정쩡히 '다 큰 아이들이 무슨 산타를……' 그런 궁색한 억지 변명을 얼버무리며 눈앞의 양말들을 처리하지 못한 채 밖으로 나갔다. 찜찜했다. 자꾸 무거워지는 발걸음은 속일 수 없었다.

통근버스를 탔다. 하지만 뒤통수를 잡아당기는 의식은 떠나지 않았다. 버스가 출발하자 현실이 확연하게 느껴지기 시작했다. 대롱거리는 양말들로 인해 차창 밖 거리 풍경이 눈에 들어오지 않았다. 후회가 일기 시작했다. 버스를 세우지도 못한 채 회사에 도착하고 말았다.

소심한 성격 탓이었던가. 언짢은 출근길 탓에 계속 일이 제대로 손에 잡히지 않았다. 매사에 첫 단추가 잘 끼워져야 했다. 마치 첫 손님을 중요하게 생각하는 장사꾼들의 마수걸이 징크스 같은 것인지 모른다. 스스로 잘 고치지 못하는 성정 탓이기도 했다.

한 번도 속을 썩이거나 비뚤어진 적 없는 아이들 모습이 머릿속에서 지워지지 않았다. 즐거운 시간을 함께했던 날들이란 유치원이나 학교 졸업식장 나들이가 고작이었다는 생각이 이어졌다. 그들의 아름다운 초대를 일 핑계로 외면해버린 못난 아버지의 모습이 점차 확대되어 왔다. 즐거운 기대를 무참하게 꺾어버린 비정한 가장이었다.

겨우 다음 날 아침, 퇴근하면서 어떻게 해 보리란 생각을 할 수 있었다. 동료들의 호주머니를 털게 했다. 아이들에게 호기로운 선물을 안겨줄 생각에 한결 밝아졌다. 퇴근을 하면서 돌아와 집 현관문을 열었다. 순간, 놀라지 않을 수 없었다. 방문에 매달려 있던 양말들이 깨끗이 사라지고 없지 않은가.

아이들 방문을 열어 보았으나 아무도 없다. 모두 일찍 크리스마스카드를 전하기 위해 할머니 댁으로 갔다고 했다. 기 빠진 모습을 읽은 아내는 그것 보란 듯, 애매한 미소를 흘리면서 참담한 심경에 부채질만 하고 있었다.

"그 외짝 양말들을 찾는 거지요?"

이미 아이들은 두꺼운 유리벽을 쳤다. 아무리 소리 질러도 들리지 않는다. 기회란 찾아왔을 때 잡지 않으면 영영 사라지는 법이나. 책상 위에는 아이들이 함께 만든 예쁜 크리스마스카드가 한 장 놓여 있었다. 그 해 이후, 크리스마스에 양말이 방문에 걸리는 일은 두 번 다시 일어나지 않았다.

그 아이들이 출가를 해서 모두 가정을 이루고 학부모가 되었다. 얼마 전, 세모에 서울의 큰딸네를 찾게 되었다. 거실에 놓인 크리스마스트리를 보니 불현듯 옛 생각이 나서 딸에게 외손자들의 크리스마스 선물 값이란 명분으로 봉투를 하나 내밀었다. 딸은 어리둥절해 하는 눈치였다. 그 모습을 지켜본 외손자들은 좋아라고 날뛴다. 갖고 싶은 선물을 각각 외치며 학교에 다녀오면 사달라고 엄마에게 다짐하면서 우르르 등굣길에 나선다. 이제는 어른이 되어버린 옛 그날의 내 아이들의 모습이 그들 위에 겹쳐진다.

'탄일종이 땡 땡 땡……,' 어린 시절, 많이 듣던 성탄절 노래다. 지금은 교회의 종소리도 들을 수 없지만, 매년 계절이 되면 어김없이 그 깊은 후회는 되살아나곤 한다.

내려오는 KTX 열차 안에서 외손자가 전화를 걸어왔다.

"외할아버지! 엄마랑 크리스마스 선물로 축구화 사러 가요. 고맙습니다."

딸이 외손자를 시켜서 대신 한 감사 인사다. 되돌아간들 치유할 수 없는 그 날, 그 외짝 양말의 후회는 아마 평생 지울 수 없을 것 같다.

도시의 고택

집에는 사람이 쉼 없이 드나들어야 한다. 사람이 호흡하듯, 생명의 기氣가 흐르고 자연과의 조화를 이루어야 한다. 소통이 없으면 고인 물처럼 썩는다. 신선한 기운이 감도는 곳에 활력이 생겨나고 새로운 삶의 순환이 이루어지는 것이다. 지금, 우리 집은 그렇지 못하다. 휑하니 공간은 넓고 점점 인적이 미치지 않는 곳으로 변해갔다.

예전부터 살던 집으로 아이들 셋을 포함, 다섯 식구가 삶을 호흡하던 곳이다. 세월이 지나면서 두 딸은 출가하였고 아들은 직장 따라 서울로 간 지 오래다. 이젠 어느새 노년이 되어버린 우리 부부만 산다. 여자와 집은 다듬어야 빛이 난다고 했다. 아이들이 떠난 집은 그렇지 못하다. 구석구석 낡은 곰팡내가 난다.

사흘 연휴, 서울의 큰딸이 내려왔다. 외손자 남매를 데리고 함께 온 친정 나들이다. 서울에 직장이 있는 아들도 함께 묻어왔다. 토요일에도 일을 해야 하는 사위는 일을 마치고 내려온다고 했다. 아내는 모처럼 만난 딸과 무슨 할 이야기가 그렇게 많은지 식탁에 붙어 앉아 시간 가는 줄 모른 채 수다를 떤다. 둘만 있던 집안이 갑자기 사람들로 시끌벅적하다.

집이 생동감 넘치고 아이들 목소리로 음습한 냄새를 훌훌 쓸어낸다. 모처럼 집에 훈기가 돈다. 아이들에게는 외갓집 나들이다. 어머니가 자란 집, 외할아버지와 외할머니가 있다. 외가는 어머니의 품처럼 포근함이 있고 그들 어머니의 어린 시절의 추억이 서린 곳이다. 꿈과 함께 전설의 고향처럼 옛 정취가 고스란히 숨어있는 곳이기도 하다. 우리의 외손자들에게는 외갓집의 좋은 추억을 남겨 주고 싶었다.

그들의 방문은 일 년에 두어 번으로 정해져 있다. 방학 때나 명절에 한 번 나들이를 오는 그들에게 좋은 추억을 남겨주고 싶지만 그저 마음뿐 그리 쉽지가 않다. 자주 만날 기회가 없으니 대화의 소통문제가 첫째다. 겨우 용돈으로 미끼를 던지고 사귀어 보려 애쓰지만 순간 뿐, 그 역시 잘 되지 않는다. 짝사랑처럼 일방적으로 손자들이 반가운 존재일 뿐이다.

만남은 함께하는 사람들이 즐거워야 한다. 아들이 서울에서 직장 생활을 하느라 제 누나네 집에서 몇 년간 신세를 졌다. 그는 붙임성이 좋다. 그 인연으로 외손자 녀석들이 어린 시절부터 외삼촌인 아들을 무척 잘 따라 아이들을 잘 데리고 놀아 준다. 외삼촌이 외갓집의 주인 노릇을 톡톡히 잘해 주는 것이 다행스러울 뿐이다.

가는 날이 장날이라고 했던가. 이튿날은 비가 왔다. 역시 아들의 주선으로 외손자들을 위해 비 오는 바닷가의 추억을 만들기 위해 갔다. 싱싱한 회도 즐기고 바다 갈매기들과 함께 어울려 그들에게도 인상적인 하루를 보낼 수 있었다. 클레멘타인 노래의 전설과 아들은 그들의 학창 시절 이야기를 들려주면서 외갓집의 추억을 쌓아가고 있었다.

아쉽게도 다음 날도 비는 그치지 않았다. 산으로 가기로 한 계획은 취소되고 말았다. 밖으로 나가지 못하는 아이들이 서로 붙어 법석을 떨기 시작했다. 아이들이 잘 놀 때는 귀엽기도 하고 보기도 좋았으나 집 안에 묶여 식상해진 아이들이 서로 싸우고 우왕좌왕할 때는 노경의 아내는 정신을 차리지 못했다. 평소에 없던 일이니 귀찮고 난감한 표정이 역력했다.

둘만 있던 집의 리듬이 완전히 깨어진다. 아이들이 컴퓨터 오락을 한다고 법석댄다. 집 안에 있는 모든 가구들을 흩어 놓고 거실을 함부로 뛰어다니니 평소의 삶의 리듬과는 거리가 너무나 멀다. 아무래도 불편하고 아이들과의 생활이 낯설다. 조용하던 하루 삶의 리듬이 완전히 깨어지니 그에 적응하지 못하게 된 노친들이다.

아이들은 싸우면서 큰다고 한다. 그들에게서 싸움은 새로운 에너지의 발산 방법이기도 하다. 싸운 뒤는 또 언제 그랬느냐는 듯 금방 화해하고 다시 붙어서 논다. 그런 모습이 그들에게는 일상의 자연스러운 한 과정이요 방편일 뿐이다. 그럼에도 아내는 우리 아이들이 다투면서 자라던 그 시절을 까맣게 잊고 귀찮아 한다.

아이들은 자라고 노인들은 늙어 간다. 아내는 손자들의 시끄럽고 분주한 행동을 듣고 보는 것을 견디기 힘들어 한다. 신체적 에너지가 따라가지 못하기 때문인가. 부모가 된 우리의 아이들이 마흔 나이에 가까워졌다. 윤회의 법칙이다. 그네들이 우리 자리를 밀고 올라와 있으며, 우리는 결국, 어느새 우리의 부모 세대로 와 있다.

아이들은 활력이 넘치지만 노인들은 시력도 나빠지고 체력도 떨어진다. 어쩔 수 없는 자연 현상이요, 세월의 교훈이다. 이 대자연의 흐름은 그 누구도 거역할 수 없는 순환법칙이니 피할 수는 없는 노릇이 아닌가. 그새 불과 몇 십 년의 세월이 흘러, 이미 세대교체가 이루어져 있으니 세월부대인歲月不待人이라 한 말이 새삼 와 닿는다.

애완견 왕눈이도 그랬다. 두 아이들이 와서 처음에는 꼬리를 치며 함께 좋아했다. 하지만 녀석을 끝없이 못살게 서로 함께 안고 구르니 점점 힘겹고 귀찮아져서 피할 곳을 찾아 헤매다가 마침내 지쳐 헉헉댄다. 아마 왕눈이도 아내를 닮아 손자, 손녀들이 계속 치근대니 겁이 나고 얼른 갔으면 싶은가 보다.

살아가는 많은 인연들 속에 모든 것이 나를 중심으로 해서 이 사회가 돌아가는 것만은 아니다. 생각이 다르고 생활습관이 다를 경우 심한 반목을 느끼거나 불편을 겪을 수도 있다. 때로는 많은 대중 속에 느끼는 나 혼자 외톨이가 되는 경우에서 탈출하고 싶은 기분에 사로잡힐 수도 있다.

같은 공간을 함께 숨 쉬고 싶지 않은 상대도 있다. 이야기가 통하지 못하고 반목하거나 말하는 의견에 도저히 함께할 수 없는 경우가 얼마든지 있을 수 있다. 그럴 경우는 선택에 별 문제가 없다. 상대를 피하거나 멀리하면 될 일이다. 오리 속의 백조 이야기가 있다. 그럴 경우는 참거나 기다리거나 함께 어울리지 않으면 될 일이다.

다음 날도 비가 내렸다. 사위는 내려오는 것을 포기했다. 사흘

째가 되니 아이들도 점차 저희들 집이 그리운가 보다. '오면 반갑고 가면 더 반갑다'고 했던가. 너무 잘 와 닿은 말이기에 슬며시 웃을 수밖에 없다. 아이들이 외갓집의 추억 한 가지라도 담아가는지 모를 일이다.

예약한 비행기가 짙은 안개로 뜨지 않았다. 대구까지 급히 차를 몰아 가서 열차 시간에 맞춰 데려다줄 수 있었다.

애들이 갔다. 거실 큰 유리창에 그들의 흔적, 그림 낙서가 남았다. 우리들의 초상화도 있고 뛰어놀던 모습도 있었다. 지우지 않았다. 그것을 보며 그들을 떠올린다. 떠들던 모습이 생생하지만 벌써 지나가버린 시간의 흔적일 뿐이다.

아내는 전화로 또 손자들이 보고 싶다고 노래할 것이다. 도시의 고택은 다시 침묵하고 노친네들과 함께 낡아가며 정적 속으로 빠져 들어간다.

세월

아파트 옆, 천변 산책을 나선다. 저녁 식사 후, 아내와 함께하는 요즘 들어 새로 생긴 일과다. 여름의 열기가 바뀌어 제법 산뜻한 가을 향기를 싣고 온다. 상쾌해진 날씨 때문인지, 걷기운동 하는 많은 이들이 더욱 신나게 팔을 휘저으며 지나간다. 물 위에 동동 떠다니는 철새들도 오늘따라 여유가 있어 보이니, 모처럼 기분이 밝아진다. 가을 냄새가 더없이 싱그럽다.

유난히 무덥던 올해 여름도 막상 저렇게 떠나게 되니, 역驛을 빠져나가 산모퉁이를 돌아가는 옛 고향 마을 완행열차의 뒷모습처럼 아련한 아쉬움을 남겨준다. 세월에 대한 미련 같은 것인가. 새삼 계절의 감각이 짙게 느껴지니 세월부대인歲月不待人이란 말이 얼핏 스쳐 지나갔다. 시간은 저 천川의 물처럼 끊임없이 흘러가고 있다.

며칠 전, 정수기 방문 수리원이 와서 하는 말이었다. "이 댁은 약만 먹고 사시는가 봐요." 식탁 위에 놓인 많은 약봉지들에 놀란 모양이었다. 실소를 했다. 고혈압, 당뇨 약은 기본이다. 두통약에 소화제, 변비약에다 영양제 등등이며 모양도 봉지 약에서 병甁에 든 것, 바르는 약에서 뿌리는 것, 심지어 오래되어 용도를 알 수 없는 것까지 식탁 한쪽이 즐비했기 때문이다.

나이가 들면 몸이 고장 나고 병원 출입이 잦아지게 된다. 삶의 굴레인 생로병사의 한 과정이니 어쩔 수 없이 부딪히는 운명이기도 하다. 사람도 기계나 마찬가지로 내용기한이 있게 마련 아닌가. 노후화로 인한 고장이니 정비공장인 병원이나 약국 신세를 지지 않을 수 없다.

젊은 시절의 아내는 더없이 건강했다. 애들의 운동회 날이면 곧잘 학부모 달리기 선수로 자원 출전을 했고, 한라산, 지리산 등반도 거뜬히 해냈다. 학교에서는 극성 엄마였으며, 집에서는 알

뜰한 살림꾼이기도 했다. 그러던 그가 지금은 여러 통증에 시달리면서 투병이 매일의 일과가 되어 버렸으니 때로는 세월 탓인가 하여 원망스럽기도 하다.

얼마 걷지도 않았는데 아내는 쉬어 가자며 길섶 벤치에 앉는다. 무심코 한마디를 한다. "아이들한테 알맹이는 모두 다 빼주고 이젠 껍네기만 남았다." 지친 삶의 넋두리다. 가슴이 찡해온다. 그 말 속에는 아이들뿐만이 아니고 아마도 어설픈 이 남편에 대한 원망도 끼어 있으리라. 여운을 남기고 귀 속을 맴돈다.

떠나가신 장인, 장모님 생각이 난다. 첫선자리였다. 흰 머리에 깨끗한, 전형적인 품위 있는 시골 노인이셨다. 미소를 띤 장모는 연신 장인에게 귓속말을 하시는 모습이 꽤 인상적이었다. 겨우 십여 년을 지나 여든셋의 연세로 장모님은 돌아가셨다. 얼마 지나지 않아 장인은 홀로 쓸쓸히 지나시다 곧 뒤따라가시고 말았다.

그때는 호상好喪이라고 했으나, 세월이 가면서 점차 마음에 켕기는 일로 남게 되었다. 두 분께 멋진 효행 한 번 해 드리지 못했다는 자책감 때문이었다. 당시의 주머니사정 때문이었다고 억지 변명을 해 보지만 오히려 빈곤한 마음 탓이었다. 주자朱子의 말씀대로 두고두고 사후회死後悔의 젖은 감정은 잊힐 수가 없었었다.

두 분은 매우 정분이 두터우셨다. 장모님은 깐깐하신 장인어른의 성품을 잘 알아 매사에 거슬리는 일이 없도록 하시고, 특히 깨끗하게 나들이 옷가림을 청결하게 하실 뿐 아니라 옛 여필종부의 본보기라도 보여주시는 듯, 장인어른께는 어느 한 틈 흩어진 모습을 보이신 적이 없어 보였다.

장모님이 돌아가실 때였다. 임종을 하신 장모님의 가슴에 장인께서는 손을 대고 체온을 확인을 하면서 한동안 염을 못 하게 하셨다. 혹시나 회생하는 것을 기대하시는 듯, 장모님의 가슴을 되짚어보시곤 하는 모습에서 짙은 연민의 정을 느끼지 않을 수 없었다.

당시, 내 아이들은 겨우 유치원과 초등학교를 다녔다. 그들이 이젠 성인이 되어 모두 출가를 했고, 제각기 그들끼리의 둥지를 틀고 바쁘게들 살아간다. 그들의 아이들, 그러니까 우리의 손자, 손녀들이 유치원과 초등학교를 다니고 있다. 어느새 아내와 나는 당시의 장인 장모의 나이가 되었으니, 한 세대의 수레바퀴가 완전한 한 회전을 한 것이다.

자식들에 대한 아내의 허전한 마음이 새삼 느껴진다. 지난날들이 세월의 덧없음으로 새삼 다가왔다. 아마 장모님도 그러하셨으리라. 겁劫을 이어가는 삶이라고 했다. 그 속에 윤회의 법칙이 있으며, 우리의 찰나의 삶들이 그 속에 점철되고 있다. 대 우주의 엄숙한 순리인지도 모른다.

산책을 나서면 아내의 손을 잡는다. 지난날 그렇게 해 본 적이 없다. 겨우 이제 체력이 고갈 나, 걷기에 힘이 부친 아내를 부축하는 짓일 뿐이다. 그런들 어떠랴. 아내의 체온이 따스하게 전해온다. 지난날 가져보지 못한 느낌이고, 지금까지 제대로 해주지 못한 후회의 생각을 짙게 가져다준다.

'내려올 때 보았네, 올라갈 때 못 본 그 꽃.' 어느 시인이 노래했다. 어차피 삶은 내려오게 마련 아닌가. 그러면서 오늘처럼 못 보던 그 꽃을 보게 되는 것인지 모른다. 어느덧 지나온 먼 삶의 여정과 앞이 내다보이는 듯하다.

벤치에서 일어나 다시 걷기를 시작한다. "휴가를 내어서라도 멀리 살고 있는 아들네에게 한번 가봅시다." 아내는 쥔 손에 약간의 힘을 주면서 말한다. 어쩌면 이번에는 아내의 그 말을 꼭 들어주어야만 할 것 같다.

천변의 연보랏빛 쑥부쟁이가 더욱 산뜻하게 간들거린다. 어김없이 계절은 또다시 이렇게 바뀌어 가고 있다.

홍시

기승을 부리던 따가운 여름 햇볕이 제풀에 지쳐 서서히 서늘한 기운으로 바뀌기 시작한다. 이럴 때면 계절도 소리 없이 가을로 옮겨가게 되니 짙은 청색의 넓은 하늘 속에 알알이 맺힌 감들도 점차 붉게 물들어 간다. 올망졸망 매달린 감나무의 자식들을 긴 바지랑대로 하나 둘 딸 때면 수확의 그 뿌듯함과 함께 가을 냄새가 짙게 스며든다.

이 가을의 향취 속에는 회색빛 내 삶의 한 순간이 묻어나온다. 순수한 감성의 그 어린 시절의 일들이 때로는 결정적인 인생의 한 계기가 되기도 하고, 사랑하고 사랑받던 기억은 평생을 간다고도 했다. 오랜 시간이 흘렀지만, 짙은 그리움으로 지금까지 그 일은 가슴속에 고스란히 남아있다. 홍시에 얽힌 할머니와의 추억이다.

그 시절은 내게 지울 수 없는 한 가닥 연민으로 남아있다. 아버지를 일찍 여의었으니 항상 외로움으로 가슴이 그늘져 있었다. 어머니는 늘 생활터전에 나가야 했으며, 홀로 집에 남겨져 사막 위의 한 포기 풀처럼 삭막한 날들을 보내야 했다. 이 정신적 고통은 훗날 어른이 되어서도 남과 잘 어울리지 못하는 생활의 장애가 되기도 했다.

이것이 마음에 걸린 것일까. 어머니는 나를 일찍 초등학교에 보냈으니 두 살 위인 사촌 형과 함께 입학한 셈이었다.

사촌 형이 사는 큰댁에는 친할머니가 계셨다. 큰 키에 연세가 드셨으나 허리는 곧았다. 흰 한복만 입으시고 쪽 찐 머리 위의 흰 머릿결이 회색 빛깔과 함께 유난히 반짝였으며, 홍조 띤 흰 얼굴은 종부로서의 위엄과 기품이 서려 있었다. 대소사 처리는 큰아버지보다 더 밝아 명절이나 큰일에 이것저것 시키시는 할머니는 웃는 얼굴 대신 언제나 말이 없고 근엄한 모습이었다.

아버지가 살아계셨을 때, 할머니는 곧잘 우리 집에 오셨다고 했다. 누구보다도 아버지를 좋아하셨으나 아버지 가신 후로는 일체 발걸음을 끊으셨다. 그렇게 효자였던 둘째가 부모보다 먼저 가는 큰 불효를 저지를 줄이야 꿈엔들 생각했으랴. 가슴에 한을 심어준 아들, 그가 없는 집에 올 마음이 내키지 않음은 당연했으리라.

학교가 끝나면 큰댁에 자주 내려갔다. 사촌 형과 함께 공부한다는 핑계였으나 혼자 집에 있어야 하는 고통을 피하기 위한 수단이었다. 그때마다 할머니를 자주 보기는 했다. 하지만 할머니는 종손인 사촌 형만 귀여워하고 아버지가 없는 나는 귀여운 손자 노릇을 못 한다고 여겼으니, 어린 가슴에 사촌 형에 대한 할머니의 편애를 늘 부러워하고 한편 서운해 했다.

다른 놀이 같은 것은 생각지도 못했다. 사람과 만나는 유일한 소통의 터널은 어머니를 제외하고 그래도 할머니로 생각했다. 사랑을 받고 못내 응석을 부리고 싶었던 외톨박이 손자였다. 그러나 머리 한 번 쓰다듬어 주는 일 없이 가끔 측은한 눈빛으로 물끄러미 바라보기만 하셨다. 어린 마음에 실망과 상처만 남겨주시던 할머니였다.

그러던 늦가을 어느 날, 역시 큰댁에 내려갔다. 할머니 신발만 보이고 사촌 형은 없었다. 그냥 돌아서 나오려는데 방문이 풀쩍 열리며 할머니가 들어오라는 손짓을 하시는 것이 아닌가. 할머니에게 응석을 부리거나 귀여움 받을 처지도 아닌데 왜 오라고 하실까 생각하며 엉거주춤 할머니 방으로 들어갔다.

뜻밖에 벽장에서 빨갛게 익은 홍시를 하나 꺼내 주면서 말씀하셨다.

"네 형이 오기 전에 얼른 먹어!"

예상치 못한 큰 횡재였다. 고맙다는 인사도 잊은 채 그 홍시를 허겁지겁 먹으니 그렇게 달고 맛있을 수가 없었다. 정신없이 다 먹고 난 뒤 그제야 할머니를 바라보았다. 흡족한 마음으로 빙긋이 웃으니 할머니도 환하게 따라 웃으셨다. 할머니의 처음 보는 밝은 웃음이었다. 할머니는 손으로 입가에 묻은 감물을 쓱쓱 문질러 닦아 주셨다. 그리곤 혼잣말처럼 중얼거리셨다.

"네 아비만 살아있다면……."

그 한마디 말은 지금까지 잊은 적이 없다. 한 번도 불러보지 못한 아버지 이야기는 어린 가슴에 늘 짙은 그리움과 슬픔의 상처로 못 박혀 있던 대목이기 때문이다. 아버지는 내게만 그리운 사람이 아니었다. 할머니에게도 못내 그리운 사람인 것을 짙게 공감한 것이다. 부나비처럼 할머니의 정을 그리워한 외톨이 손자에게 손을 내밀어 주신 것은 그것이 처음이었다.

얼마 지나지 않아 큰집은 할머니와 함께 소도시로 이사를 했다. 겨우 마음이 통하게 된 할머니와의 헤어짐은 짙은 아쉬움으로 남았다. 중학생이 되어 여름방학 때 찾아가 할머니를 다시 뵙게 되었다. 노환으로 편찮으신 몸이었다. 집으로 돌아올 때, 대청마루에서 작별인사로 할머니에게 큰절을 올렸다. 그때 할머니는 조용한 미소를 띠면서 다시 한마디 하셨다.

"그래, 네 아비는 똑똑하고 야무졌느니라, 커서 꼭 네 아비처럼 되어라."

할머니를 보는 마지막 인사라는 느낌이 들었다. 다시 듣게 된 아버지 이야기였다. 목 안이 뜨거워져 아무런 대답도 못 했다. 대문을 나오면서 다시 한 번 뒤돌아보았다. 할머니는 몸을 반만 일으키고 옅은 미소와 함께 잘 가라는 손사래를 쳐주고 계셨으니 그것이 마지막 본 할머니의 모습이었다.

할머니에게 아버지는 가슴에 묻은 자식이었다. 나를 보면서 항상 먼저 간 둘째 생각에 못내 안타까운 속울음을 삼키셨던 것이다. 자라서 부모가 되고 늦은 나이가 되어서야 겨우 그것을 절실히 깨달을 수 있었다.

외롭게 긴 터널을 지나온 삶이었다. 어느새 세월을 훌쩍 뛰어넘어 인생의 가을을 맞게 되었다. 살아오면서 모진 외로움의 그 정신적 유산은 후손에게 절대 물려주지 않으려 다짐했다. 항상 족쇄로 남아있던 그 외로움의 매듭이 어쩌면 이제는 풀어지는 듯하다. 삼 남매 밑에서 난 다섯 손자로 이제 제법 일가를 이루었기 때문이다.

시집간 딸들은 종종 안부 소식이나마 즐겁게 해주며, 명절이면

떼거지로 몰려와 그 따뜻한 마음들을 표한다. 멀리 외국에 나가 살고 있는 아들은 전화로 참석 못 하는 아쉬움을 엄살 섞어 대신하기도 한다. 때로는 손자들의 재롱도 함께하는 날이 있으니 내겐 더할 수 없는 삶의 고귀한 수확이다.

가을, 감 따는 날이 되었다. 홍시를 한 입 베어 물며 할머니의 웃음 띤 환한 일굴을 떠올린다. 함께 아비지를 그리워하던 그 '한 마디 말' 이 새삼 메아리처럼 짙게 들려온다.

국수 삶는 아내

오늘 점심 메뉴는 국수라고 한다. 아내는 근간 자주 끼니로 국수를 잘 내놓는다. 전에는 없던 일이다. 병약해진 기력 탓인지도 모른다. 즉석조리 되는 라면보다는 정성이 들었다고 할 수 있으나 궁여지책쯤으로 생각된다. 하지만 나는 감지덕지하면서 내어놓는 국수를 한 끼 식사로 잘 해치운다. 그리 까다롭지 않은 식성

덕분이기도 하다.

국수란 한자로는 '면麵' 또는 '면자麵子'라고 한다. 『고려도경』에 '10여 종류의 음식 중 국수 맛이 으뜸이다食味十餘品而麵食爲先' 라는 말이 나오고, 『고려사』의 예조와 형조에서도 제례에 면을 쓰고 사원에서 면을 만들어 판다고 했으니, 고려 시대에도 벌써 국수가 있었을 뿐 아니라 상품화까지 되었음은 알 수 있다.

이처럼 국수는 제례에 많이 써 왔다. 시집 장가를 가지 않은 젊은이들에게 "자네는 국수 언제 먹여 줄 거냐?"라고 하고 있으니 이것을 이름하여 '잔치 국수'라는 것이 아닌가 한다. 많은 사람에게 간단히 맛있게 한 끼를 대접해 줄 수 있으니 그 신속성과 특유의 구수한 감칠맛이 또한 일품이라 하지 않을 수 없다.

국수의 종류는 많다. 통상 밀가루로 만든 마른 국수, 칼국수가 가장 보편적인 것에 해당하지만, 메밀가루와 녹말을 섞어서 만든 메밀국수, 밀가루와 녹두 녹말을 섞어서 만든 녹말 국수 등 재료에 따라 여러 종류가 있다. 부재료로는 수수, 쑥, 꿩, 쇠고기, 닭고기, 달걀 등이 쓰이고, 특히 양념을 잘 만들어 고명과 함께 위에 얹어 주어야 비로소 각각 제맛이 살아나는 것이다.

아내가 하는 국수 요리는 마른 국수를 재료로 하고 다시 물에 특유의 정성을 들인다. 그것은 멸치에 다시마며 기타 해물 양념을 넣고 불에 우려낸 것으로 알지만, 국수의 구수한 맛을 더해주는 것은 역시 이 국물이 아닌가 싶다. 담백하면서도 감칠맛이 나는 것은 이들 해산물 특유의 맛이 어우러지고 고명으로 얹은 닭고기나 쇠고기, 미나리, 호박 등이 맛을 더해주기 때문이기도 하다.

아내가 국수를 하는 데는 다른 이유가 있는 것이 아니다. 끼니마다 밥 따로 반찬 따로 만들기가 힘들고 어렵다고 한다. 아침상에 내어놓았던 반찬을 그대로 올리자니 염치없고 민망하다는 것이다. 벌써 수십 년을 살아온 부부가 아닌가. 그런데도 체면치레가 필요한 것인지 의아하게 생각되나, 아마도 본능적인 아내로서의 책임감 때문인 듯하다.

가끔 아내가 혼잣말로 끼니때가 되어 식사는 뭘 하지? 걱정하는 것을 종종 본다. 그럴 때면 매일 메뉴 걱정하지 말고 학교나 군대의 영양사처럼 일주일 동안의 식단을 미리 짜놓고 일주일씩 반복하면 될 것이 아니냐고 조언해 준다. 하지만 웬일인지 웃으며 그런 노력은 하지 않고 가끔 식사 준비 때마다 걱정을 하는 것을 보면 내심 한심하다는 생각이 들 뿐이다.

인간의 욕구 중 가장 으뜸인 것이 식욕이다. 그 다음이 성욕이요 명예욕이라고 했던가. 장발장도 배고픔을 못 참아 한 조각의 빵을 훔친 것으로 그의 운명적인 삶의 이야기가 시작되고 있으며, '사흘 굶어 도둑질 하지 않을 사람이 드물다.' 는 말과 같이 살아가는 동물에게 식욕은 삶의 가장 중요하고 기본적인 필요충분조건이기도 하다.

예부터 남자는 사냥하거나 밖에서 노력하여 식구들에게 먹을 거리를 마련해 온다. 대신 여자는 집에서 불을 사용하여 그것을 먹기 좋게 요리과정을 거쳐 식구들에게 내놓는다. 그리하여 우리 집의 경우, 아내의 전매특허로 하는 말이 하나 있다. '일 년, 삼백 육십오일 하루라도 아침상 준비를 거른 적이 없다.' 는 독백이다.

그만큼 식사를 세대로 내어놓음으로써 주부로서의 할 일을 다 했다며 큰 소리를 낸다. 사실 그 말을 인정하지 않을 수 없다. 그렇다고 훌륭한 성찬을 매일 했느냐 하면 감히 그렇지는 못하다는 내 주장이고 보면 나 역시 할 말이 없잖아 있는 셈이다.

젊은 시절 매일 그 나물에 그 밥인 밥상에 불만이 쌓였었다. 그래, 한번은 여가도 많고 하니 취미 삼아 요리학원 같은 곳을 좀 가면 어떠냐고 기대를 하고 넌지시 제안해 봤다. 하지만 허사였다.

"음식 솜씨가 좋은 사람을 만나지 못한 건 당신 팔자라 어쩔 수 없지요."

엉뚱한 반박과 함께 욕심 부리지 말고 송충이는 그저 솔잎을 먹고 살아야 한다는 둥 엉뚱한 벌레 취급만 하고 만다.

하지만 시집간 딸도 가끔은 아내에게 전화를 걸어 저녁 메뉴를 물어온다. 그것을 보면 이른바 학부를 나오고 열심히 살아도 역시 식단 제대로 하나 마련하지 못한 실력은 모전여전인 듯하다. 사위도 별 볼 일 없는 신세를 면치 못할 것을 생각하니 측은지심이 인다. 결국, 사위나 나나 아침은 굶지 않게 해 준다는 대명제에 자위할 수밖에 없나 보다.

그런데 가끔 부득이하여 아내가 아프다든가 볼일이 있어 상을 제대로 봐 주지 않아서 혼자 챙겨 먹을 경우가 있다. 그럴 경우, 찌개 하나 덥히거나 보온밥솥에서 밥을 그릇에 퍼 담는 것도 그렇게 만만하지 않다. 특히 먹은 그릇을 씻는 설거지는 정말 서투르다. 속으로 아내의 천직을 함부로 넘볼 수는 없겠구나 하는 생각에 감탄사를 발하지 않을 수 없다.

봉사와 희생을 생각하면 마더 테레사가 떠오른다. 세상을 떠난지 수년이 된다. 그녀는 성인聖人으로 추대되었다. 다른 어느 분보다 빠르게 결정된 일이라고 한다. 그는 성직자로서 헌신적인 삶으로 누구보다 자기 본분을 다하며 숭고하게 살았다. 사명을 다 하는 일, 정말 중요한 덕목이 아닌가 하고 새삼 느끼게 된다.

근간에 많은 이들이 자천타천으로 이 나라의 대통령이 되겠다고 한다. 한 분 한 분 그분의 인품을 살펴보면서 과연 이 나라를 맡아줄 만한 사람인가, 제 본분을 다할 사람인가 하는 생각에 빠져 많은 것을 느끼게 된다. 스스로 나서는 그 용기는 훌륭하다고 할 수 있겠으나, 이타심의 신뢰를 주기에는 많은 미흡함이 많음을 느끼게 되는 것은 내 과한 욕심 탓인가.

이 세상에는 많은 사람이 있지만 제 본분을 다하는 사람이 그리 흔치 않은 것 같다. 나 역시 나름대로 열심히 살아왔건만 많은 후회가 뒤따르고 특히 제 본분을 다 해 왔는가 하는 점에서는 많은 의문을 가지지 않을 수 없다.

국수 삶는 아내. 어쨌든 새삼 제 본분을 다하는 모습에 감사를 보낸다. 오늘은 특별히 비빔국수로 한다니 입 안에 벌써 군침이 돈다.

동서

촌수는 친인척 피붙이의 거리를 말한다. 우리 생활 깊숙이 배어있는 촌수는 자주 보지 못하는 인척의 서열 관계도 쉽게 정리해 준다. 하지만 처갓집의 경우는 다르다. '처갓집 촌수 개 촌수'라고 하여 오히려 이러한 질서는 통하지 않는다. 자매의 서열에 따라 나이 적은 처남이 처의 오빠이면 형님도 되고, 나이 많은 동서가 또 동생이 되기도 한다.

신혼여행에서 갓 돌아와 처가 친지와의 상견례 자리였다. 마을 뒷산을 배경으로 원통형 검은 굴뚝에서는 아침부터 희뿌연 연기가 뿜어 나오고 부엌은 분주했다. 넓은 토담집 안방에는 새신랑을 다룬다며 일찌감치 처가 인척들이 벼르고 앉았다. 한 무더기의 여자들도 키득거리며 방 안을 엿보느라 정신이 없었다.

둘러싸인 새신랑은 마치 새로 전출 온 신병 신세였다. 한 사람씩 돌아가며 처갓집 관문에 대해 일문일답의 수작을 걸어왔다. 아슬아슬한 물음에는 진땀이 났다. 이제나 저제나 억지 핑계를 들이대고 달려들어 발바닥을 칠 기세였다. 발바닥 정도는 각오하고 있었으나 잔뜩 뜸만 들이니 더욱 불안했다. 드디어 마지막 손윗동서 차례였다. 호탕한 웃음으로 너스레를 떨면서 뜻밖의 말을 하는 것이 아닌가.

"자네하고 나는 이 집의 백년지객이야. 그리고 우리는 오늘부터 말을 튼다. 특별 허락이니 착오 없도록 하게. 그리고 오늘 수고했으니 편히 하게."

마지막이라 더욱 긴장하고 있었는데 뜻밖의 호의였다. 무슨 함정이 있는지 알 수 없어 경계심을 풀 수는 없으나 얼핏 아군처럼 느껴졌다.

인상도 좋고 짜인 말솜씨로 전체 분위기를 이끌어 가는 사람이었다. 말 속에 '동서지간은 도원결의의 형제 못지않은 사이' 라고도 강조했다. 이 소리를 듣는 순간 나는 마치 관우라도 된 기분으로 웃으며 힘찬 화답을 했다.

"형님 시키는 대로 명심하고 앞으로 잘 하겠습니다."

애창곡 하나를 뽑는 것으로 처갓집 하객 상견례는 큰 불상사 없이 잘 넘어갈 수 있었다. 첫날부터 동서는 서투른 초행의 새신랑에게 구세주였다.

이런 인연으로 시작된 동서는 알고 보니 뜻밖에 같은 학교 한 해 선배였다. 기실 사회에서 학교 선배는 후배가 쉽게 다가갈 수 없는 엄한 존재다. 그럼에도 불구하고 서로 말을 트자고 했으니 일반 상식으로는 있을 수 없는 일 아닌가. 여유와 배포가 컸다. 하지만 거기에는 처가에 남다른 고민과 함께 웃지 못할 숨은 사연이 있었던 것이다.

동서는 술, 담배를 모두 잘했다. 거기에다 사업가 기질의 융통성이랄까, 말을 얼렁뚱땅 하는 구석이 좀 있었다. 장인은 반대로 술, 담배는 입에 대지도 않는 선비요, 마을에서는 이장이니 근엄한 유지다. 성격도 곧아서 항상 말을 적당히 잘 얼버무리는 사위에게는 좋은 점수를 주지 않았다. 결국 동서는 장인 때문에 처가에서 항상 눈치를 보느라 기를 펴지 못하는 신세였다.

초록은 동색, 이제 손아래 동서가 들어왔으니 합세하여 장인어른의 그 억압에서 벗어나고 싶었던 것이다. 첫 상견례 때의 호의는 이 공범자 포섭작전의 일환이었던 것이다.

드디어 처가에서의 첫날밤, 그 소위 '장인 때리기'의 역적모의가 동서의 진두지휘로 시작됐다. 그는 큰 포대자루를 하나 들고 따라오라는 눈짓을 하고 앞장을 섰다. 마치 적진 침투라도 하는 양 긴장되고 조심스러운 발걸음이요 분위기다.

"오늘은 자네가 처음 처가에 온 날이야. 큰 잔치를 벌여야 하는데 음식이 모자라니 동네 닭을 좀 잡이서 보충해야 해."

엉뚱한 구실로 동네 닭장의 닭은 모두 때려잡아 눕혔다.

"이장 댁 사위인데요. 장인어른께서 잔치음식이 부족하여 나중에 후하게 쳐주신다고 했으니 염려 마시고 내일 놀러나 오세요."

이 말 한마디씩만 남기고 줄줄이 잡아온 닭들을 뒤란에 우르르 쏟아놓았다.

"장모님, 새신랑이 음식이 입에 맞지 않아 닭이나 잡아달라고 해서 몇 마리 잡았습니다."

장모는 많은 닭들을 보고 깜짝 놀랐다. 벌써 동네로부터 여러 통 걸려온 확인전화를 통해 뻔히 알면서도 나무랄 수는 없고, 결국 이튿날 그 닭으로 온 동네잔치를 벌일 수밖에 없었다. 동서의 객기가 장인 귀에도 흘러 들어갔지만 대놓고 나무라지는 못했다. 괜한 닭들만 불행한 합동 제삿날을 맞게 됐으니 씨암탉 아닌 놈들은 정말 비명횡사한 꼴이었다.

그 첫 의기투합을 시작으로 아래 윗동서는 정말 말을 텄다. 그것보다 더 편한 것은 없었다. 우리는 장인과의 투쟁 외에도 곧잘 재미난 일들을 저질렀다. 그때마다 친형제 이상의 의리와 명분을 잘 유지하면서 처가에서도 환영을 받았다. '급하면 삼촌'이라 하지만 내게는 급하면 동서였다. 이렇게 수십 년을 재미있고 멋진 사이로 이어오는 것은 어쩌면 처갓집 촌수를 무너뜨린 윗동서의 지혜 때문이 아닐까 한다.

그런데 막상 내 앞에 이른바 그 '처갓집 촌수'의 어려움이 부닥쳐 왔다. 두 딸이 차례로 출가를 했으나 둘째 사위가 첫째 사위보다 나이가 더 많다. 둘째 딸 약혼식 날, 첫째 내외도 함께 자리했다. 술이 거나하게 취해 두 사위의 이 처갓집 촌수 해결을 위해 내 동서와의 좋은 경험담을 이야기하고 엄명을 했다.

"자네들도 서로 말을 트도록 하게."

그 후 몇 년이 지났다. 사위들이 처음부터 말을 트고는 있지만 내가 바라는 만큼 친한 것 같지가 않다. 늘 섭섭했다. 첫 사위는 나이가 적으니 서열상 형님이라 할 것이고, 둘째는 처가 서열은 아래지만 나이가 위라고 버티는 것 같다. 사위들에게 서로 말을 트고 지내라고 한 내 잘못인가. 드러내 놓고 말할 수도 없고 눈치만 살피자니 찜찜하기 짝이 없었다.

결국은 동서를 만나 두 사위 이야기를 했다. 뜻밖에 명쾌한 해답을 주었다. 사위에게 처가 촌수와 관련된 것은 처의 직계존속뿐이며, 동서나 처남은 처의 서열에 따를 필요는 없다. 즉 처남, 동서가 나이 많은 동생, 나이 적은 형님 따위는 될 수 없으며, 나이에 따라 형, 아우로 고치면 된다고 한다. '처갓집 촌수 개 촌수'의 '개'는 똥개, 진돗개의 '개〔犬〕'가 아니요, 고칠 '개(改)'라는 것이다. 그리고 일곱 살 차이까지는 얼마든지 말을 틀수도 있다고 했다.

요즈음은 결혼적령기가 따로 없는 것 같다. 결혼 연령이 늦어지고 신랑이 오히려 연상의 여자, 또는 신부가 연하 남을 선호하기도 한다. 그래서 앞으로 이와 같은 처갓집 촌수의 소동은 얼마든지 나올 수도 있는 것이 아닌가.

두 사위의 그 찜찜하던 숙제가 풀렸다. 사위들을 불러 앉히고 동서의 비방으로 큰소리 치면서 위계질서를 설명해 줄 수 있을 것 같다. 동서는 역시 내 인생의 큰 동지요 약방의 감초다.

나의 가장 젊은 날

아내가 엉뚱한 푸념을 한다. 아침에 유치원을 다니는 아파트 어린아이들이 입구 계단에서 재잘대면서 통학차를 기다리고 있었다. 그 사이를 헤치며 쓰레기 종량제 봉투를 들고 무심코 지나가는데 문득 한 녀석이 말했다고 한다.

"얘, 비켜! 할머니가 지나가시잖아!"

햇병아리 귀여운 손자 또래들이었다. 당연한 할머니란 호칭이건만 어린아이들의 눈에까지 영락없는 노인네로 불리는 자신이 놀랍고 서운했다는 것이다.

실소하지 않을 수 없었다. 예순 후반 나이가 아닌가. 어딜 가든 할머니 소리를 듣는 게 당연하다. 대신, 물려받은 좋은 유전자 탓인지 돌연변이인지 알 수 없으니 머리카락은 아직 새치 하나 없이 검다. 그 때문인지 아내는 손자들이 다섯 명이나 있음에도 엉뚱한 착각 속에 살고 있나 보다. 젊게 보이고 싶은 기대가 은연중 숨어 있는 듯하다. 아직은 여자이고 싶음은 변함이 없는 모양이다.

생물은 죽음을 위해 살아가고 있다고도 한다. 윤회사상이든 자연법칙이든 이 말이 엄격한 생태의 순리인 것만은 틀림없다. 살아있는 존재는 죽음에 대한 공포 본능 또한 어쩔 수 없는 현실이다. 공허한 생각이지만 죽음의 준비는 숙명이며, 당연한 외길의 선택임에 어쩔 수가 없지 않겠는가.

모 일간지가 주관한 시니어 문학상 시상식장을 다녀왔다. 육십오 세 이상의 세대들을 위해 '시니어'라는 멋진 포장을 한 문학작품 공모전이었다. 작품은 많은 칭송을 받았으니 노인에 대한 배려였는지도 모른다. 특이한 장면은 수상자가 시상대 계단을 지팡이를 짚고 오르고, 백발이 된 머리에 노쇠한 몸을 부축도 받는 모습이었다. 그 장면에 숙연해지기도 하고 삶의 한 애환을 보는 듯도 했다.

늙지 않으려고 다시 젊어 보려 하였더니
청춘이 날 속이고 백발이 거의로다.
이따금 꽃밭을 지날 때면 죄지은 듯하여라.

고려시대의 문인 우탁의 '탄로가' 다. 늙음에 대한 아쉬움의 소리는 그밖에도 얼마든지 있다. 진시황은 불로초를 구하기 위해 발버둥 쳤으며, 근년의 어느 재벌의 총수는 몸속의 피를 모두 젊은 피로 바꿔서 회춘을 바랐다니 예나 지금이나 늙음에 대한 아쉬움은 변함없고 젊음에 대한 향수 역시 어쩔 수 없는 서글픔을 가져다주는 듯하다.

그저께는 아내가 정기 의료 검진을 받았다. 뜻하자 않게 갑상선에 혹이 보이니 큰 병원에서 정밀검사를 받으라는 소견이었다. 얼핏 여성에게 많이 발생한다는 갑상선 암이 아닌가 하는 의구심이 떠올랐다. 병원에 가기 싫었지만 그냥 넘어갈 수도 없는 상황이 아닌가. 종합병원에 갔다. 정밀검사 결과 5㎜ 정도의, 악성이 아닌 작은 물혹으로 걱정할 필요가 없다는 의사의 소견을 듣게 되었다.

안도의 가슴을 쓸어내리며 아내는 의사에게 고맙다는 말을 여러 차례 반복했다. 뜻밖의 모습이었다. 아내는 평소에 죽음에 대해 초연한 척하면서 병원에 자주 가는 내게 '죽기 싫어 그렇게 애를 많이 쓰느냐' 하는 핀잔을 주지 않았던가. 아내의 그 이중성에 일말의 측은지심을 느끼지 않을 수 없었다. 지병인 당뇨병에 혹시나 운 나쁘게 또 다른 발병을 하지 않았는가 하는 의구심이 심했던 것 같다.

노년에는 젊음에 대한 향수가 있다. 가끔 TV화면이나, 낯모르는 건장한 젊은이를 볼 때 느끼는 감정이다. 아이들이 한창 자라던 시절이 우리의 삼, 사십대였다. 정기 건강검진 외에는 병원 출입을 별로 할 필요가 없었다. 아픈 것을 몰랐다. 일 년에 어쩌다 감기 며칠 앓는 정도가 전부였다. 젊음 자체가 건강의 상징이니 당연하다고나 할까.

당시는 많은 취미 활동도 했다. 하루 종일 테니스 코트를 헤매거나 등산을 해도 피로한 줄 몰랐다. 그 청, 장년 시절은 눈 깜짝할 사이에 지나가 버렸다. 이제, 어느새 예순을 넘고 다시 칠순을 지나게 되었다. 곶감 빼 먹듯이 하나, 둘 수명을 줄여가니 세월을 지나 나이를 먹어버린 지금, 노년이라는 허망한 명찰을 달게 되지 않았는가.

삶은 찰나에 지나지 않는다고 한다. 어느새 몸은 만신창이로 변해 식탁 한 곁에는 많은 약봉지들이 수북하다. 흔히 말하는 움직이는 종합병원 신세가 된 현실이다. 지난 시절의 그 날들이 햇볕에 이슬 사라지듯이 사라지고 없다. 많은 아쉬움들이 피어나고, 그리운 것은 어쩔 수 없다.

소금은 귀한 것이다. 하지만 그보다 소중한 것이 있으니 황금이며, 또 그것보다 더 귀한 것은 '지금' 이라는 우스갯말이 있다. 삶이 이루어지는 것은 미래가 아니다. 지금의 매순간이 쌓여 세월을, 또한 생애를 이룬다. 진정한 삶의 순간은 이다음이 아니라 지금 바로 이 순간에 있는 것이라는 말인 듯하다.

지금 있는 곳이 최선의 위치일 수밖에 없다. 이 순간은 다시없는 축복의 시간이며, 그 어떤 조건과 환경도 지금, 여기보다 더 좋을 수는 없다고 생각하면 틀림이 없을 것이다. 주어진 조건을 감사히 받아들이고 그 토대 위에서 새롭게 시작할 때 길은 열린다고 하고 싶다.

할 일이 생각나거든 지금 해야 한다. 오늘 하늘은 맑지만 내일은 구름일지는 모르는 일이 아닌가. 내일은 당신의 것이 아닐지도 모른다고 했다. 내일을 바꾸고 싶으면 오늘부터 바꿔야 마땅하리라.

아내에게 한 마디를 했다. 유치원 꼬맹이들에게 감사를 해야 한다. 스스로를 돌아볼 수 있는 철학을 심어주지 않았는가. 오늘이 여생에 가장 젊은 날임을 깨닫고, 건강하고 당당한 만년으로 임해야 할 것 같다. 내일은 또 밝은 오늘을 준비하고 있지 않는가.

흰 구름 한 점 흘러가고 있다.

건배 유감

“위축성 위염입니다. 조심하셔야겠어요.” 내시경 검사를 마친 내과 원장이 손을 씻으며 한 첫마디다. 언제부터인가 술을 마신 이튿날 아침이면 속이 많이 쓰렸다. 원장의 권유에 따라 위 내시경 검사를 하게 되었다.

식사도 굶은 터에 목구멍으로 집어넣은 내시경 호스가 위, 창자 구석구석을 온통 헤집고 다니니 올라오는 구역질은 정말 참기 힘들었다. 게다가 그 결과마저 신통치 않는가 보다. 위축성 위염은 암으로 갈 확률이 있다니 더욱 겁이 난다. 혹 떼려 왔다가 혹 붙인 결과가 된 셈이다.

모니터를 보며 세세히 설명을 해 준다. 특히 술을 마시지 말라는 결론에 찜찜해지지 않을 수 없다. 지금까지 애주가로 자처하였다. 술은 사람의 희로애락의 감정을 승화시키는 곳에는 어디든지 있다. 술은 우리의 삶을 조화롭게 조정하는 매체이며, 모임에서는 없어서는 안 될 약방의 감초이며 윤활유가 아닌가. 또한 남자는 모름지기 술을 할 줄 알아야 어울릴 수 있고 융통성이 있는 사람쯤으로 여긴다.

젊은 날, 술은 취하기 위하여 마시니 당연히 비틀거리며 2차, 3차를 거쳐야 하는 것으로 알았다. 술을 마시는 사람이라면 파출소 신세를 지든가 객기를 부려 다툼을 하는 일들이 한두 번 없는 경우는 없을 듯하다.

술이란 적당히 마시면 심신에 더없이 좋다. 하지만 브레이크가 걸리지 않아 과음을 하게 되고, 그러다 보면 반드시 실수를 하거나 피해를 보기 마련이다. 지난날, 어쩌면 그것은 당연한 생활의 한 부분이었다. 그래도 나는 지금까지 역시 술을 마시는 쪽을 택하였다.

사위의 조건으로도 술을 할 줄 알아야 한다는 것이 내 고집이었다. 말년에 그래도 딸네에 가서 사위랑 술 한잔은 할 수 있어야 한다는 생각 때문이다. 평소 사위들은 자식이라 하여도 이야기 할 수 있는 기회가 그리 많지 않다. 술상을 받고 자리를 함께하는 즐거움 또한 특별나다. 사위들에게 내 삶의 경험담을 들려주고 그들의 싱그러운 젊음을 함께 호흡할 수 있으니 좋지 아니한가.

그런데 뜻하지 않은 금주령이 내린 것이다. 술을 끊고 무슨 재미로 살까 하는 생각까지 드니 여간 심란한 일이 아닐 수 없다. 그 많은 술자리들은 그럼 또 어떻게 한단 말인가. 하지만 태어나서 늙고 병들어 죽음을 맞이하는 이 자연의 순리 앞에 아무도 맞설 사람은 없지 않은가. 인간이 조물주로부터 받은 수명은 125세라지만 관리를 잘못하여 점차 그 수명이 줄게 된다고 한다. 음주도 그 중요 원인의 하나인 것이 틀림없으니 드디어 금주禁酒는 아니더라도 절주節酒는 결심하게 되었다.

젊은 사람들이 많아 특히 술을 많이 마시는 모임은 되도록 피하였다. 절주를 위한 결단이다. 그러나 나가지 않을 수 없는 모임들이 있으니 그것이 문제다. 또한 개별적으로 권하는 술잔은 그런대로 피할 수 있다. 하지만 선배는 사정이 좀 다르다. 나 혼자 안 마시겠다고 함께 술을 마시는 의식, 즉 건배 분위기를 깰 수는 없는 노릇이다.

결국 돌아가면서 한 번씩 건배를 하니 한 사람이 몇 병을 마시는 것은 순식간의 일이다. 건배가 유감이 아닐 수 없다.

원래 건배는 로마 시대로부터 시작된 것이니, 술 속에 독이 들어있지 않다는 것을 주인이 손님에게 보여주기 위한 것에서 유래된 것이라고 한다. 이것이 점차 발전이 되어 오늘에 와서는 우정을 확인하고 친목을 도모하는 목적으로 술자리에서 빠지지 않는 의식 절차로 되어 있는 것이다.

또한 다양한 연령층의 모임에서는 말석의 후배들은 발언의 기회가 잘 주어지지 않는다. 이때 건배사의 기회야말로 자기를 알리는 멋진 순간이 된다. 그리하여 상큼한 건배사 한마디가 새삼 사람을 돋보이게도 한다. 새로운 풍경으로 멋진 건배사 한마디로 좌중을 사로잡기 위한 소위 '스토리가 있는 건배사' 까지 등장한다.

통상 회식에서는 이들 한 바퀴 건배사로 모두 끝나는 것이 아니다. 이번에는 삼삼오오 좌석끼리 따로 이야기들과 함께 다시 건배가 이어지니 결국 절주의 내 결심은 영락없이 깨어지고 만다. 그렇다고 모임에 빠지자니 그것 역시 사회생활의 한 문제라 진퇴양난이 아니 될 수밖에 없다.

우리는 술을 많이 권하는 것이 정을 베푸는 미덕인 양, 또는 술자리의 예의처럼 되어있다. 동시에 건배는 경사를 축하하거나 건강을 기원하며 함께 잔을 하늘로 치켜든다는 의미이기도 하다. 하지만 대부분 그 목적은 희미해지고 그 행위, 술잔을 들어 함께 권하며 마시기만 남아 있는 것 같다.

이처럼 건배는 결국 술이 체질적으로 받지 않는 사람이나 어쩔 수 없이 절주를 결심한 사람에겐 고역이 아닐 수 없는 것이다. 이제까지 깨닫지 못했던 사실에 부끄러움이 느껴진다. 그러면서 앞으로는 술을 못 하거나 원하지 않는 사람에겐 다시는 권하지 않겠다는 다짐을 한다.

그러나 나 자신은 이 건배에 질질 끌려 엉거주춤, 금주는커녕 절주도 제대로 실천을 못 하거나 건배를 핑계로 슬그머니 술을 즐기고 있으니 한심한 일이다.

오늘도 그 '어쩔 수 없는 회식'을 또 나가야 하는 날이다. 오늘의 건배사는 어떻게 해야 할지 슬그머니 걱정이 된다.

2

솔정자의 꿈

솔정자의 꿈

단둘만의 기회다. 아내가 며칠 집을 비운 사이, 노모를 모시고 하루 나들이를 다녀오기로 했다. 지금껏 노모와 함께 조용히 여행다운 여행 한 번 한 적이 없다. 그것은 노모에 대한 내 미흡한 정성 탓이다. 주자가 말한 '때늦은 후회'의 생각이 가끔 머릿속을 스친다. 갈 곳은 머지않은 곳, 가지산 석남사와 인근 계곡으로 정했다.

봄의 싱그러운 들녘바람을 가른다. 한 시간이 채 걸리지 않아 절 앞에 닿을 수 있었다. 일주문 옆, '절까지 9분만 걸어가시면 됩니다.' 라는 안내표지가 서있다. 홑자리 수 9분. 재치가 애교스럽다. 빠른 걸음이라도 이십 분은 족히 걸릴 거리인데 축지법이라도 쓴단 말인가. 절을 찾는 사람들에게 선문답 나누길 바라는 듯, 맛깔스러운 수작이다.

하지만 아흔 연세의 노모는 발바닥에 난 티눈으로 보행이 불편하다. 그 때문에 사실 절까지 걷는 것이 그리 쉽지 않은 거리였다. 어쩔 수 없이 매표소 여직원에게 사정 이야기를 하니 흔쾌히 승용차의 출입을 허락해 준다. 고마웠다.

산사로 오르는 길. 주위의 숲으로부터 느껴지는 신선함이 한껏 묻어 나온다. 계곡의 바위에 부딪히는 밝은 물소리는 노모를 위한 환영의 합창인가. 차를 탄 것이 오히려 좋은 경관을 더 즐길 수 없게 됨을 아쉬워할 것 같기도 하다. 연신 감탄하시는 노모의 표정이 아이 같다. 모처럼의 나들이가 어쩐지 흐뭇해진다. 자주 모시지 못한 후회가 앞선다.

누구나 행복하고 편안한 삶을 누리고 싶어 하는 것이야 인지상정이리라. 노모는 그렇지 못했다. 젊은 시절, 아버지의 요절에 슬퍼할 겨를도 없었다. 갑자기 닥쳐온 운명이 호락호락하지 않았으니, 젖먹이 아들을 등에 업고 행상도 하고 직조공장의 여공 생활도 마다할 수 없었다. 일제로부터 해방은 되었지만 곧 6 · 25동란의 모진 터널을 또 겪어야 했으니 질곡의 시간이 줄을 이어갔다.

어머니와 내가 삶의 거친 찬바람을 버티기 위해 안간힘을 쓰던 초등학생 시절의 어느 날이었다. 여느 때처럼 목욕을 위해 어머니의 직장엘 찾아갔다. 구내식당에서 만난 어머니의 동료가 측은지심으로 나를 보면서 커서 꼭 어머니께 효도하라고 긴한 어조로 당부했다. 뜻밖에 옆에 있던 어머니가 이 말을 들으시고 자조 섞인 한 마디를 흘렸다.

"솔(松) 심어 정자지요."

그때는 그것이 무슨 말인지 알아듣지 못했다. 시간이 지나면서 그 의미를 깨닫고서는 지금껏 머릿속에서 한 번도 잊은 적이 없었다.

어머니 삶의 기본철학은 근검절약이었다. 이는 하나의 신앙 같기도 했다. 어머니는 당시 회사식당에서 일을 했다. 배식하고 남은 밥을 싸가지고 와서는 그 찬밥을 먹었다. 그때는 그것을 당연한 것으로 생각했다. 또한 하루 종일 햇볕이 들어오지 않는 이모네 직조공장 안 캄캄한 방에서 낮에도 촛불을 켜고 살았다. 그 역시 불편하다는 생각을 하는 것은 사치일 뿐이었다.

절 경내로 들어가는 침계루沈溪樓 앞에서 차를 세웠다. 누각 밑, 몇 개의 돌계단을 올라가야 하지만 노모는 내 부축을 마다한다. 한 가닥 아직 신세지고 싶지 않으신 자존심 같다. 가쁜 숨을 쉬며

올라가 법당 쪽마루에 간신히 걸터앉아서는 경내를 찬찬히 둘러본다. 맑은 하늘 사이로 보이는 기와지붕까지 짙은 페인트라도 칠한 듯 반짝인다. 눈 거친 곳, 하나 없다.

“절이 정말 깨끗하고 좋구나!”

가지산 절경을 배경으로 잘 가꾸어진 수려한 곳이다. 이 멋진 풍광에 빠져 그동안 도심의 한가운데서 소음과 바쁜 사람들 속에서는 가질 수 없던 마음의 여유를 즐기시는 듯, 노모는 더없이 기뻐하며 만족해하시는 모습이다. 대웅전 쪽에서는 아늑한 목탁소리가 귀를 울린다.

삼층 석탑 앞까지 왔다. 문득 사진 한 장을 남기고 싶었다. 노모와 함께 사진 찍은 적이 역시 기억에 없다. 화면 속, 무표정한 얼굴이 낯설다. 기왕이면 웃으시라고 했다. 세월이 스친 앙금 때문인가. 굳은 근육을 움직여 짓는 표정은 겨우 옅은 미소다. 그래도 금방 볼 수 있는 사진에 흐뭇해하신다. 작은 여유에 이처럼 즐거워하시는 모습, 또 한 번 가슴이 아릿하다.

결혼 후, 어머니를 모셔야 했다. 하지만 그러지 못했다. 직장이 객지였고 어머니는 살던 고향에서 회사 생활을 하셨기에 그럴 수 밖에 없긴 했다. 하지만 그 다음, 어머니가 정년퇴직을 하시고 내가 사는 도시로 옮겨 오면서도 어쩐지 어머니는 함께 사는 것을 원치 않으셨다.

며느리와의 함께 사는 것이 불편하다는 핑계였지만, 지금도 그

때의 어머니의 깊은 생각이 궁금한 대목이기도 하다. 혹시나 함께 살게 됨으로써 생기는 고부간의 불화를 염려한 때문이 아니었던가, 혼자 생각을 해 본다.

만년에 자식에게 의탁하고 싶은 것은 인지상정일 터이다. 노모는 퇴직 후, 따로 노후자금을 챙겨 두어야 한다는 주위의 권유도 뿌리치고 모두 처분하여 내게 넘겨주셨다. 그리고 수입거리를 원해 작은 숙박업소를 마련해 드렸다. 하지만 적지 않은 일이 노모를 힘들게 했다. 역시 저물어 가는 날, 노모를 바라보면서 갖는 죄스러움의 하나다.

중학생 시절이었던가. 가끔 어머니의 퇴근 무렵에 갑자기 비가 쏟아질 경우가 있었다. 그럴 때면 우산을 챙겨 들고 어머니를 마중 갔다. 그런 날이면 회사 출입문 앞은 마중 나온 사람들로 장사진이었으며, 그 속을 빠져나와 아들을 찾아낸 어머니는 함박웃음으로 반가워해 주셨다.

우산 속에서 도란도란 그 날 있었던 이야기를 하며 함께 집으로 돌아왔다. 가끔 비 오는 날이 기다려지기도 했다. 그러면서 한편 후일에도 이렇게 어머니가 밝은 웃음을 짓도록 해 드리겠다는 속다짐을 하지 않았던가. 세월이 가면서 점차 그 생각은 희미해져 갔고, 결혼 후 그 생각이 더욱 멀어져 간 듯싶다.

노모는 합장을 하고는 대웅전 안으로 들어가신다. 불공을 드리는 스님의 낭랑한 목소리와 목탁소리가 법당 가득히 울려 퍼진다. 따라 들어가 엉거주춤 부처님을 향해 서투른 절을 올리고 옆을 보았다. 노모는 계속 절을 하신다. 보행마저 신통치 않은 몸에서 어떻게 저런 힘이 나올 수 있는지 놀라웠다. 지난날, 인고의 생활에서 나온 정신력과 통하는 듯싶었다.

스님과 함께 모두들 독경을 왼다. 혼자 조용히 법당을 빠져나왔다. 노모가 경배를 하면서 부처님께 기구하는 것은 무엇일까. 옛 '솔정자의 꿈' 이 문득 떠올랐다. 아무래도 내가 사는 곳은 아닌 것 같다. 좋은 경관이 있고 마음의 여유를 닦을 수 있는 이런 조용한 곳이 아닌가 하는 골똘한 생각에 잠시 잠겨 본다.

기도를 마치고 나오신 노모의 모습은 모처럼 편안하고 환하게 밝은 얼굴이다. 음료수 대에서 바가지 한가득, 흘러나오는 물을 받아 마시곤 다시 한마디 하신다.

"물맛이 참 좋구나!"

아버지를 지게에 지고 금강산 구경을 시켜드린 '지게 효자' 의 이야기가 생각난다. '노래자' 의 효행을 말하던 중국인들도 그를 태산으로 초청하고 대서특필로 칭송하지 않았던가. 뒤늦은 회한悔恨이 가슴을 아리게 한다.

유월의 봄 하늘은 더없이 푸르고, 절 마당의 봄볕은 너무도 화창하다.

어떤 하루

아침 출근을 위해 막 나서려는데 요란하게 전화벨이 울린다. 순간 불길한 예감이 스쳐 지나갔다. 착 가라앉은 목소리로 노모께서 "병원에 좀 와 줄 수 없겠느냐?"는 말씀이었다. 좀처럼 잘 하지 않는 모습이셨다. 백내장 수술 예약을 했는데 보호자 동의가 필요하다는 것이 아닌가. 혹시나 우려했던 위급상황은 아니므로 겨우 놀란 가슴을 쓸어내렸다.

노모는 지금까지 우리 부부와 따로 혼자 살고 계신다. 팔순이 훨씬 넘은 고령임에도 남의 신세를 지지 않겠다는 생각 때문이나, 그 '남' 속에 아들, 며느리도 예외가 아니다. 젊어서 아버지와 사별하신 이후, 홀로 자식을 키우고, 먹고살아야 하는 큰 짐을 지셨다. 혼자 결정하고 처리하는 것에 익숙해져 있기 때문에 정작 중요한 일도 모르고 지날 경우가 많았다.

아내는 마침 시골집의 정리 관계로 일찍 출타 중이었으므로 혼자 병원에 가야 했다. 바삐 서둘렀다. 멀지 않은 곳임에도 도착하니 노모는 벌써 와 계셨다. 예약시간을 30분이나 앞당겨 나오신 것은 수술을 받게 된 긴장감 때문이었는지 모른다. 나를 보자 다소 안도하시는 표정이었다.

노모는 웬만해서 병원 신세를 지지 않는 편이다. 평소 건강하기도 하지만 힘든 삶을 살아오시면서 얻게 된 근검절약 정신이 너무나 철저하기 때문이기도 했다. 그럼에도 수술 결정을 하신 것은 그만큼 많이 불편했음을 짐작하고도 남음이 있었다.

병원은 복잡했다. 몸이 불편한 사람들의 집합소가 아닌가. 초조하게 차례를 기다리는 시간은 긴장되고 분위기는 가라앉아 있었다.

드디어 노모의 차례가 되었다. 호명을 받고 수술 준비로 검사며 필요한 조치를 하는데, 익숙지 못한 노모는 다소 서툴렀다. 그것을 도와드리면서 수술 결정까지 이미 여러 번 와서 이 힘든 과정을 겪었을 것을 생각하니 무척 착잡하고 죄송스러웠다.

자식은 노후의 보험이요, 울타리가 아닌가. 노년이 되면 자식의 부양을 받는 것이 당연하다. 하지만 노모는 달랐다. 지금까지 일평생을 아들을 위해 헌신하신 셈이다. 이른바, 유교의 삼종지도三從之道를 가르쳐주는 모습이었으니, 이러한 노모의 모든 것을 오히려 당연한 것으로만 생각해 왔던 지난날이었다.

같은 수술 환자는 6명이었다. 각자 입원실을 배정받고 마취 주사를 맞은 뒤, 한 사람씩 마치 독가스 방으로 밀려 들어가듯 수술실로 안내되어 들어갔다. 수술은 마치 공장의 생산설비처럼 빠르게 진행되었다. 간호사의 팔 부축을 받고 가는 뒷모습은 크지 않은 키에 작고 동그랗게 처진 두 어깨가 매우 안쓰러워 보였다. 가슴이 짠했다.

수술장면을 확대 영상으로 다 보여주는데, 흐려진 각막을 떼어내고 새 인공각막을 넣는 수술은 불과 10분이 채 걸리지 않았다. 하지만 시술 당사자는 긴장하지 않을 수 없었음이 분명했다. 수술을 마치고 입원실로 돌아오신 노모는 꼭 쥐신 양손이 불덩이처럼 뜨겁고 땀으로 흠뻑 젖어 있었다.

몸이 천 냥이면 눈이 구백 냥이라고 했던가. 그 소중한 눈 수술에 어찌 두렵지 않을 수 있겠으며, 익숙지 않은 병원 수술대 역시 긴장하지 않을 수 있었으랴. 수술을 끝낸 안도의 마음과 함께 모처럼 아들이 옆에 있어 든든하게 생각하신 듯, 곧 깊은 잠에 빠져 들어갔다.

잠든 노모의 모습이 새삼 눈에 들어온다. 흰 머리카락은 더욱 많아져 있었고 세월의 훈장이라고 하는, 얼굴에 패인 주름은 더욱 깊어져 있는 것 같다. 기력도 많이 떨어진 듯했다. 오랜 풍상을 홀로 견디어 내신 노모, 이제 지치지 않을 수 없었을 것이 아닌가. 그동안 잘 지켜드리지 못한 죄책감이 새삼 엄습해 왔다.

갑갑한 분위기를 벗어나고자 병원 문을 빠져나왔다. 바삐 돌아가는 바깥 모습은 병원 특유의 긴장되던 분위기와는 사뭇 달랐다. 수많은 차들이 치열한 경쟁 속으로 쉴 사이도 없이 바삐 달려가고 있었다. 오로지 그 속에 묻혀 노모에 대한 생각을 소홀히 하고 바쁘게 지나쳐버린 많은 세월들이 새삼 뒤돌아보였다.

나는 노모에게 정말 못난 아들이었다. 어릴 때부터 병약하여 여러 고비에서 어머니를 힘들게 했다. 부모로부터 물려받은 신체를 잘 보존하는 것이 자식의 도리라 했건만, 늦은 나이가 되어서는 전립선 암 수술까지 하여 가슴을 철렁하게 해드렸다. 어쩌면 처음부터 될성부르지 못한 나무였으며, 결국 노모를 너무나 힘들게 한 못난 자식이었던 것이다.

또한, 이 외아들을 장가들일 때까지도 어머니는 직장 생활을 하셨다. 그 후, 정년퇴임을 하고 지금 우리가 사는 도시로 이사해 오면서 살던 집을 팔아 몽땅 내게 다 내 주셨다. 있을 수 없는 일이었다. 자식이 있어도 여생을 위한 준비로 따로 경제적 여건을 마련해 두는 것이 오늘을 살아가는 노년 생활의 상식 아닌가. 하지만 어머니는 아낌없이 다 내주신 것이다.

그 뿐이 아니다. 사업을 하면서 뜻하지 않은 큰 사기를 당한 적도 있었다. 도저히 헤쳐 나갈 수 없는 큰 시련이었으니 옆에서 지켜본 노모의 심경은 더할 나위 없는 낭패감이었을 것이다. 8순이 넘은 고령임에도 보다 못해 그들 사기꾼과 몸싸움을 서슴지 않고 맞서기까지 하였으니, 아들을 생각하는 일념은 나이를 초월한 하나의 신앙 같은 것이었다.

잠시 흘러간 세월에 대한 감상이 파노라마처럼 스친다. 결국 세월 이기는 장사 없다고 했던가. 생로병사의 과정은 피할 수 없는 노릇이다. 누구에게나 노환은 찾아오게 마련 아닌가. 이제 노모의 모습을 생각하면서 새삼 회한과 한 가닥 연민이 깊이 나를 사로잡았다.

저녁때가 되어 퇴원 준비를 했다. 같은 수술을 한 환자와 보호자들이 간호사의 안내에 따라 바삐 움직였다. 마치 외국여행이나 함께 떠나는 것처럼 가뿐하게 엘리베이터 앞으로 우르르 몰려들었다. 모두 한쪽 눈을 가렸으나 표정만은 밝았다.

계산대 앞에서 노모가 병원비로 가져온 돈을 내미신다. 카드로 대신 결제를 하고 도로 돌려드렸다. 잠시 쳐다보고는 받아 넣으며 빙그레 미소를 지으신다. 모처럼 기뻐하시는 눈치였다. 작은 정성에도 흔흔해하시는 노모의 그런 표정이 오히려 송구스러웠다.

병원 문을 나섰다. 노모 역시 큰 시험에 합격이라도 한 듯 더없이 후련해 하시는 듯했다. 밝은 눈으로 편하게 생활하실 것을 생각하니 어쩌면 하루 종일 함께할 수 있었던 것이 도리를 조금이나마 한 것 같다.

우리 삶의 밑바탕에는 전래의 유교사상이 그 뿌리에 깔려 있다. 서구문화의 접촉에 따라 퇴색되어 가는 부분도 없지 않지만, 충효의 기본정신은 더할 수 없이 아름다운 것이 아니겠는가. 효녀 심청이 이야기나 맹모삼천 같은 교훈은 서양문화에서는 들어본 적이 없다. 가슴에서 우러나오는 인간 본연의 진실과 삶의 가치를 더욱 승화시키는 아름다움이 그 속에 있기도 하나, 그 실천에는 또한 어려움이 따른다.

'앞으로는 평소에 좀 더 잘해야지.' 하는 이 생각이, 내일이면 또 슬그머니 건망증 속으로 사라져 버린다. 그러면서 '사랑은 역시 내리사랑이지.' 하는 변명을 들이댄다. 멋진 안경이나 새로 하나 선물해야겠다는 생각과 함께 돌아오는 차의 시동을 걸었다.

마침 오디오에서 경쾌한 '봄의 소리 왈츠' 가 울려 퍼지기 시작한다. 그와 어울려 차창 밖 거리 모습도 더욱 활기차게 느껴진다. 그러면서 머릿속은 언젠가 어느 사찰에서 내 귀를 울리던 한 소리가 갑자기 떠오른다.

'부모님께서 살아 계신다면 정녕 행복한 사람이다. 두 분 중 한 분만이라도 계신다면 이 또한 행복한 사람이다. 아직 기회가 남아 있으니까. 시간은 많지 않다. 바로 시작해야 한다. 더 늦기 전에, 때늦은 회한의 눈물을 흘리며 땅을 치기 전에…….'

음악 소리는 더없이 상큼한 여운을 실어다 주며 마지막 소절을 토해내고 있었다.

노모의 실직

굴삭기의 큰 덩치가 굉음을 낸다. 번쩍 들린 삽이 풀썩 건물의 한쪽 귀퉁이에 꽂히자 건물은 힘없이 무너지기 시작한다. 그것은 이빨이 빠진 늙은 사자가 제 명이 다했음을 알고 포효하며 쓰러지듯 한다. 노모의 직장이기도 한 곳이다. 뒷짐을 진 채 노모는 철거작업을 지켜보고만 있다. 뻥 뚫린 벽체 사이로 푸른 하늘은 여느 날과 다름없었다.

10여 년 전 건물의 전 주인은 사업을 하다가 많은 부채를 지고 빚에 허덕이고 있었다. 건물은 여러 근저당 설정으로 만신창이가 된 채 헌 옷처럼 너덜거렸고, 그는 채권자들로부터의 혹독한 채무 독촉으로 질질 끌려 다니는 신세였다. 평소 알고 지내던 그의 요청을 받아 채무를 안고 건물을 사게 된 것이었다.

당시 노모 역시 갖고 있던 모든 저축금을 인수자금에 보태라고 몽땅 내어 주셨다. 노모로서는 거금이었다. 오랜 세월, 틈틈이 모은 것이니 그 애착은 더없이 컸을 것이다. 아들의 큰일에 보탬이 되어야 한다는 일념에서 선뜻 내어주신 것이니 그로 인해 건물에 특별한 애착을 가진 이유이기도 했다.

노모의 모든 삶의 축에는 항상 아들이 있었다. 일찍 혼자되어 모진 인고의 삶을 꾸려나가야 했고, 가족이라야 단 외아들 하나였으니 자연히 삶의 큰 의미는 그 아들에게 둘 수밖에 없었다. 정년으로 직장생활을 마치고 지금의 아들이 사는 곳으로 옮겨 올 때, 처분한 재산 역시 일순의 망설임도 없이 모두 물려주기도 했다.

채무를 일부 정리하면서 건물 수리를 하니, 마치 중환자처럼 드러누웠던 건물도 차츰 제 모습을 찾아가고 활기를 띠기 시작했다. 모든 일에는 정성이 필요하였으니, 손이 가는 만큼 새로워졌다. 특히 노모는 많은 관심과 애착을 두고 마치 자식 돌보듯 세심한 노력을 아끼지 않았으며 이를 큰 보람으로 여기시는 듯했다.

노모는 평생을 쉬는 경우가 없었다. 정년퇴직은 하였으나 젊은 시절부터 살아오신 습관으로 근면 성실한 삶의 지표를 게을리 하지 않았으며, 체력이 닿는 한 활동을 하고 싶어 했다. 그리하여 맡게 된 일이 건물에 딸린 주차장의 관리였다. 낮의 근무자가 퇴근한 저녁 6시부터 10시경까지의 일이니 노모에게는 그럴싸한 직장이요 훌륭한 소일거리가 된 셈이었다.

나이 들어 무료한 시간만큼 곤욕은 없을 것이다. 매일 아침 목욕탕에서 만나는, 정년퇴임을 한 지인이 있다. 그는 지루한 하루해를 어떻게 보낼까 하는 고민과 하소연이 일이었다. 소일거리 없이 온종일 보내는 지루한 시간은 고역이라고 했다. 당시 칠순이 훨씬 넘은 연세의 건강한 노모로서는 이 주차관리가 무척이나 다행스럽고 소중한 일이 된 것이다.

이해하지 못하는 주위의 지인들은 많은 연세의 노모에게 주차관리는 무리라고 나를 못마땅해 했다. 하지만 속사정은 그렇지 않았다. 저녁 시간의 주차관리실은 갈 곳 없는 노모의 몇 명 친구들의 단골 집합장소였고, 세시 한담을 하는 유일한 곳이니 또 다른 모습의 노모와 친구들의 훌륭한 경로당이었다.

또한, 주차관리로 수입이 생겼다. 차량이 드나들 때마다 번호를 기록하고 전표를 떼어주는 일이 처음은 어려웠다. 얼마간 책임을 지는 만큼 신경도 쓰였다. 하지만 익숙해지자 그 대가로 받는 주차료는 훨씬 매력적이었다. 사람은 경제적 동물이라 했다.

대가가 생기는 일에 활력이 생기고 큰 보람과 긍지를 느낄 수 있으니 비록 몸은 고되나 정신건강에는 더없이 좋았다.

이 수입은 요긴하게 쓰였다. 손자들의 용돈과 찾아오는 친구들을 위한 지출, 그리고 약간의 저축도 할 수 있었다. 많은 후손들과의 유대를 더욱 진하게 자연스럽게 유지하는 데 한몫을 하였으며, 친구들을 위한 호기 있는 지출로 그들 사이에 훌륭한 윤활유 역할을 하였다. 노모는 그렇게 베푸는 즐거움과 함께 주위를 배려하는 삶을 살아오는 편이었다.

그러던 그 삶의 환경이 뿌리째 흔들렸다. 건물을 헐고 새 건물을 짓기로 한 사정 때문이었다. 세월의 흐름에 따라 모든 것은 변한다. 새로운 시가지로 도심이 바뀌면서 건물에 입주해 있던 업체들이 하나 둘 새로 지은 건물로 옮겨가자 건물은 점차 퇴락해졌다. 어쩔 수 없이 헐고 새 용도로 재건축하기로 한 때문이었다.

실직의 고통은 노모라고 하여 다를 리 없었다. 갑자기 생활리듬이 깨어진 것이다. 점차 시간이 지나면서 이를 확연히 깨닫게 되자 노모의 일을 가볍게 생각한 나 자신이 후회가 되었다. 그토록 많은 정성으로 하루를 시작하고 마치는 일이 이루어지던 직장을 하루아침에 잃은 셈이니 큰일이 아닐 수 없었다.

공원 벤치에 앉아 하루해를 무료하게 보내는 노인들을 흔히 본다. 어깨에 내려앉은 황혼의 외로움과 고독함이 서려 있다. 생각나는 것은 과거의 추억이요, 아쉬움이다. 소외당한 현실에 대한 원망과 닥쳐올 앞날에 대한 걱정, 그리고 지탱하여야 할 삶의 무게가 힘겹다. 어쩐지 그러한 일들이 노모의 모습과 겹쳐져 당황스러웠다.

노모의 큰 실망이 두려웠다. 10여 년을 넘게 함께한 건물이 허망하게 쓰러지는 마지막 모습을 보면서 그것은 사람과의 이별과 다르지 않았으리라.

외삼촌이 돌아가시던 날이 생각났다. 하나뿐인 남동생을 먼저 떠나보내는 날, 표현을 하진 않았으나 노모의 외로운 모습이 너무 선명했다. 헐리는 건물 역시 그에 못지않은 쓸쓸함을 주지 않았을까.

공사가 진행 중이고 한여름이 기승을 부리는 날, 노모를 찾았다. 실직한 노모에게 더할 수 없이 많은 신경이 쓰였기 때문이었다. 그러나 옅은 미소로 하시는 말씀을 들을 수 있었다.

"걱정 하지 마라. 나 얼마 전부터 노인대학에 입학했네."

하루가 지겹다는 목욕탕 정년퇴임의 그가 생각났다. 강제 퇴임시킨 못난 아들인 내 자신의 불효가 새삼 후회가 되고 있었다.

아버지의 혼

손녀가 태어났다. 싱가포르에 살고 있는 아들에게서 난 두 번째의 아기로 내게는 첫 손녀다. 내 핏줄이라 생각하니 첫 번째보다 이상하게 감회가 남다르다. 어쩐지 아들, 딸들과 다른 느낌으로 다가온 손자, 손녀의 탄생이다. 아들 역시 갓 태어난 아기의 동영상과 사진들을 보내며 꽤나 기뻐하는 눈치이니 옛날 같으면 버릇없다고 혼날 일이다.

출생일시를 말해주며 이름을 지어 달라고 한다. 작명 시에 참고해 달라면서 자기네들이 생각해 둔 세 개의 예쁜 이름까지 덧붙였다. 이름이라고 하면 잊을 수 없는 쓰라린 기억이 하나 있으니 아주 먼 옛이야기다.

일곱 살 되던 해 봄, 초등학교 입학식 날 어머니의 손을 잡고 기쁜 마음으로 학교를 갔다. 식을 마치고 이름표를 나눠주는데 1학년 전체를 다 뒤졌으나 내 이름이 없었다. 마지막에 주인 없는 이름이 겨우 하나 남았으니 그것이 내 이름이었다. 그 낯선 이름이 나와의 어설픈 첫 만남이었다. 발음마저 어둡고 생소하니 정이 가지 않고 남의 이름처럼 생각되었다.

내겐 엄연히 족보 항렬자를 딴 이름이 따로 있다. 그럼에도 돌아가신 아버지께서는 이상하게도 낯선 일본식의 '무웅武雄'이라는 이름을 호적에 올려주셨으며, 또 일본식 발음은 "다깨오"라고 하였다. 어머니의 어렴풋한 기억을 들춰내 겨우 그 사실을 확인하고 그 이름을 쓸 수밖에 없었다. 수십 년 동안을 이름에 대한 불만을 안고 지금까지 운명처럼 살아왔다.

얼마 전 장맛비가 추적추적 내리던 날, 그렇게 멀지 않는 촌수의 연로하신 문중 종친회 회장님이 찾아오셨다. 내 어머니가 보고 싶어 찾아오셨다고 했다. 젊은 시절 아버지와 가장 친했다는 이야기는 알고 있었고 종친회에서 가끔 아버지와 내 어릴 적 이야기를 주억담으로 해 주시던 분이다. 그는 천천히 사리를 잡고 앉자 뜻밖에도 여태 들은 적이 없는 숨은 이야기를 하나 풀어놓으셨다. 아버지와 내 이름에 얽힌 사연이었다.

일제강점기 시절, 아버지는 폭약회사의 기술자였다. 겨우 이십대 중반에 아무나 할 수 없는 특수한 분야였다. 당시는 뭔지도 몰랐으나 전국의 광산에 쓰이는 폭약과 수렵용 총기 탄약을 취급했으니 다이나마이트 같은 것이 아닌가 싶다. 여기까지는 내가 어린 시절 어머니로부터도 가끔 듣던 아버지 이야기 중의 일부였으나 다음으로 이어지는 것은 처음 듣는 소리였다.

아버지는 남몰래 독립운동가로 활약했다. 당시 중국에서 독립운동을 하고 있는 선배와 접촉이 되어 폭약을 빼내 중국으로 몰래 공급을 했던 것이다. 아버지는 폭약 운반의 특수권한으로 여행증과 기차승차권까지 쉽게 발부할 수 있었으며, 그도 아버지와 함께 강원도에 광산용 폭약 중 일부를 독립군 접촉선 집으로 운반한 적이 여러 차례 있었다는 것이다. 목숨을 건 도박을 독립운동의 사명감으로 한 것이었다.

그러나 일본 패망을 앞둔 2년 전, 불행히도 독립군으로 전해진 그 폭약이 역 추적으로 발각이 되어버렸다. 급기야 아버지는 혈안이 된 일본 형사들의 중요 사찰 인물이 되었다. 쫓기는 신세가 되어 집을 수색당하기도 하고 일거수일투족을 감시받고 있었다. 그때 내가 태어났으니 불행한 시절이었다. 아버지는 그들의 시선을 피하기 위해 당시 창씨개명을 독려하던 때라 어쩔 수 없이 내 이름을 황국신민으로 변장시켰던 것이다.

아버지는 절박한 운명을 감지했다. 내 이름을 무사武士와 영웅英雄의 글자를 한 자씩 따서 지었으며 강한 무인武人이 되어 일본을 쳐부수길 바랐다. 그리고 민족을 일깨우는 선각자가 되라는 의미로 "다 깨오."라는 순 우리말로 특별한 의미를 전하고자 했다는 것이 아닌가. 일본에 대한 적개심과 민족에 대한 큰 뜻을 펴지 못한 자신의 한을 아들에게 불어넣고 싶었던 것이다. 고뇌에 찬 면모였다. 이듬해, 조국 해방도 보지 못하고 아버지는 돌아가셨다. 고문과 정신적 압박을 견디다 못해 요절하신 것이다.

꿈에도 생각 못했던 뜻밖의 이야기였다. 그 때까지 내 일본식 이름에 대한 불만만을 가져 왔으나, 막상 그 이야기를 들으니 새삼 아버지에 대한 숙연해짐과 연민의 정을 느끼지 않을 수 없었다. 과거에 어머니는 그저 아버지는 홧병火病으로 돌아가셨다고만 했다. 아버지의 그 한 맺힌 삶이 억울하고 또 후일 나까지 항일운동에 미쳐 희생되지나 않을까 하는 염려에서 그 이야기를 숨긴 것이었다.

그는 아버지와 자신을 독립유공자 등록을 하고자 했다. 독립운동가들과 함께 찍은 빛바랜 사진 한 장과 아버지가 쓴, 알아볼 수조차 없는 희미한 낡은 철도여행증을 보여주신다. 아버지의 손길이 스친, 반세기도 넘은 퇴색되고 낡은 종이쪽지. 그 필적을 보니 독립운동의 열정과 울분에 불타는 아버지의 한이 아직도 살아 있는 듯했다. 그러나 어머니는 독립유공자 등록을 반대하셨다. 젊은 날의 그 아픈 상흔을 또다시 들춰내고 싶지 않았기 때문이리라.

어머니는 한 번도 내 지금의 일본식 이름을 부르신 적이 없다. 언제나 집에서 부르던 족보 항렬자의 그 이름을 불렀다. 지금의 내 일본식 이름을 혹시 말할 때가 있으면 그때마다 아주 낯선 이름처럼 서투르게 겨우 말씀하시곤 했다. 이제야 그 의미를 알 것 같았다. 아버지의 한이 서린 그 이름에 정이 갈 턱이 없었기 때문이다.

이렇듯 내겐 아버지에 대한 기억이 전혀 없다. 늘 아쉽게 생각하던 부분이다. 단지 사진 몇 장을 봤을 뿐, 단편적으로 야구선수를 했다거나 의협심이 강하고 친구를 좋아했다거나 하는 이야기들을 듣고 그저 짜깁기식의 아버지상을 갖고 있었던 것뿐이다. 절박한 시간에 통한의 일념으로 내 이름 속에 당신의 혼을 불어넣으셨던 아버지, 이제 새삼 유지를 따르지 못한 것이 죄스럽고 후일 아버지 곁으로 가서도 뵐 낯이 없을 것 같다.

누구나 후손에게 좋은 이름을 지어주고 싶어 한다. 조상의 묘소를 명당에 쓰고 싶어 하듯 후손의 이름 또한 그의 운명에 큰 역할을 한다는 것을 은연중 믿는 것 같기도 하다. 굳이 음양오행과 주역의 이치를 내세우지 않아도 우리는 그렇게 살아왔다. 아버지께서 내 이름을 지으실 때도 마음은 그러하셨으리라.

이제 손녀의 작명이 내게 맡겨졌다. 부르기 좋은 예쁜 이름에 좋은 운세를 담아주고 싶었다. '예주譽周' 라고 지었다. 음양의 배열이 좋고 사주 운세까지 좋다니 잘 자라서 이름처럼 두루두루 명예스러운 삶을 살기를 바란다. 이번 추석에는 예주 이야기와 함께 아버지 산소에서 무릎을 꿇고 사죄하고 용서를 빌어야 할 것 같다. 나는 아직 한 번도 아버지를 소리 내어 불러본 적이 없다. 그 때문인가. 아버지에 대한 그리운 마음이 가슴속 깊은 곳에서 아스라이 떠오른다.

풋고추

K의 노모 이야기였다. 장년의 그의 형제가 셋이었으나, 시골에 홀로 계신 노모를 모실 아들은 없었다. 그들은 협의하여 요양원에 모시기로 했다. 노모는 그곳이 싫었으나 아들들의 결정에 어쩔 수 없었다. 마지막 요양원으로 모시면서 '자주 찾아뵐 터이니 잘 계시라.'는 말에 어머니는 대답대신 말했다고 한다.

"네가 사온 갈치를 네가 오면 구워 주려고 냉장고 속에 남겨 뒀는데……."

이 세상 어머니는 다 그러리라. 당신에게 닥친 눈앞의 역경보다 자식의 입에 들어가는 음식을 보는 것을 더 원하지 않을까. 사다 드린 갈치를 드시지 않고 아들이 오면 구워주겠다고 냉장고에 남겨둔 어머니. 그는 노모를 요양원에서 돌아가시게 한 것을 뒤늦게 후회하며 그리워했다.

또 다른 짙은 사모곡을 들은 적이 있다. 돌아가신 어느 원로 시인의 자제이신 노교수가 옛 어머니의 추억담을 들려주실 때였다. 눈 내리는 겨울밤, 남편의 집필을 방해하지 않기 위해 밖에서 담요를 쓰고 기다리던 지극한 어머니 이야기였다. 깊은 사랑으로 가정을 돌보신 아름다운 이야기가 그의 서정적인 톤의 분위기 속에서 어느 전설처럼 큰 감동으로 와 닿았다.

문득 그때 '지금 나는 얼마나 행복한가!' 하는 엉뚱한 생각이 일었다. 이유는 간단했다. 시인의 자제이신 그 교수는 돌아가신 어머니를 그리워하는 사모곡이지만, 나는 아직 살아계시는 어머니가 있지 않은가. 어머니가 아직 옆에 계심에 고마움을 새삼 깨닫지 않을 수 없었다.

노모는 가끔 내게 풋고추 봉지를 건네주신다. 지난날, 여름에 꽁보리밥을 물에다 말아 풋고추를 된장에 찍어 먹던 시절이 있었다. 당시 그것은 지금의 그 어느 성찬보다 맛있었다. 배고픈 그 시절의 그 이야기를 했더니, 그날 이후로 노모는 검은 비닐봉지에 싱싱한 풋고추를 볼록하게 담아 종종 내미신다. 어디서 구해오는지 나는 묻지도 않고 그저 받아먹기만 한다.

풋고추의 모양새와 풋풋한 그 맛은 옛날과 조금도 변함이 없다. 여름 식탁에 별 반찬 없이 된장에 푹 찍어 우지직 베어 물 때의 옛 순수한 맛을 잊지 못하고 지금도 여름철 별미로 무척 좋아한다. 세월이 가도 노모가 마련해 주시는 그 풋고추의 맛은 어머니의 사랑과 함께 변함이 없다.

올해 아흔의 노령이시다. 작년까지만 해도 건강하다고 생각했으나, 한 해 한 해가 달라지고 있다. 내 사무실과 어머니의 처소와의 거리는 불과 전봇대 둘 사이의 거리다. 하지만 두세 번을 쉬어야 오실 수 있다고 하시지 않는가. 내 불효로 어머니를 함께 집에서 모시지는 못하지만, 매일 어머니의 모습을 보면서 하루를 보낼 수 있다는 사실이 큰 다행이 아닐 수 없다.

특별한 일이 없으면 노모는 하루에 한 번은 사무실을 들르신다. 아마 하루라도 내 얼굴을 보지 않으면 궁금하지 않을까 하는 것은 내가 어머니에게 느끼는 피장파장의 생각 때문이다. 아침나절을 좀 지나, 뒷짐을 지고 약간 굽은 어깨를 한 몸을 천천히 나타내신다. 어머니의 웃는 얼굴을 볼 수 있는 즐거움이 일과 중의 하나가 되었다.

사무실에서의 첫 일성은 내 결점 찾기부터다. "옷은 왜 그런 탁

한 색으로 입었냐?" "머리를 좀 짧게 깎지 않고 그게 뭐냐?"는 등등이다. 언제나 그렇게 타박이지만 얼굴은 항상 웃는 모습이다. 수십 년, 아들을 생각하는 일념이다. 그 말이 싫을 수는 없다. 못난 아들을 향한 변함없는 사랑의 마음의 표현이기 때문이다.

지난날, 어머니는 청상으로 파란만장한 삶을 살아오셨다. 젊어서 아버지가 돌아가신 후, 남겨준 농토나 재신이 있는 것도 아니었다. 당시는 친정의 부모님들도 다 돌아가셨으며, 시댁에서는 젊은 아들을 죽게 한 며느리로 소박을 맞았으니 세상에 기댈 곳 하나 없었다.

어린 나를 등에 업고 먼 길을 다니며 봇짐장수를 했다. 점포도 없이 쫓겨 다녀야 하는 길가 노점상을 전전하기도 했고, 직조공장의 여공으로, 외아들을 키우기 위해 안 해본 일이 없었다. 남자 가장으로서도 힘든 당시의 삶이었다. 젊은 나이에 경험도 없이 어머니가 가장 역할을 도맡았으니 그 고충이야 이루 다 말할 수가 있었을 것인가.

낮에도 불을 켜야 하는 이모네 공장 안, 볕 한 줄기 들지 않는 캄캄한 방에서 살았다. 하지만 나를 학교에 보내주셨다. 자식에게 거는 기대나 희망도 있었겠지만, 스스로의 삶을 숙명처럼 생각하며 최선을 다하면서 살아오신 것이다. 오직 하나밖에 없는 아들을 위한 헌신적인 삶이었다.

이제 그 해가 지고 있다. 근간에는 했던 말도 자주 되풀이 하시고 안 쓰게 된 놋그릇도 다 버렸다고 한다. 스스로 삶의 자취들을 정리하시는 이야기다. 어디서 들었는지 더 쇠약해지면 요양원으로 가겠다는 말씀을 하시는 것이 아닌가. 아마도 노경에 자식에게 불편을 주고 싶지 않다는 뜻으로 짐작했다.

그러면서도 고추며 깻잎, 푸성귀들을 가져다주신다. 하실 수 있는 유일한 자식 사랑의 길인가 싶어 찡하게 가슴을 울린다. 근검절약이 철저하게 몸에 밴 행동 때문에 고추 한 알이라도 더 가져오려 애쓰시는 모습이 눈에 훤히 보인다. 그러한 모습의 노모에게 복에 겨운 화를 가끔 내기도 한다.

어리석은 아들은 얼마의 용돈으로 겨우 마음을 표한다. 그것을 받으시면서 즐거운 표정이다. 젊은 시절, 어머니의 노력으로 마련한 집이며 퇴직금 등 모든 것을 다 물려주신 어머니다. 겨우 얼마간의 용돈이 모정에 대한 대가代價가 될 수 있겠으며, 위로가 되겠는가. 하지만 자식의 마음을 알고 그저 즐거운 마음으로 웃으실 뿐이다.

가끔 사모곡을 접할 때마다, '부모불효사후회父母不孝死後悔' 주자朱子의 글귀를 떠올린다. 아무래도 나 역시 후일, 이 사모곡을 읊조릴 것이 틀림없을 것만 같다.

오늘도 텔레비전에서 사건, 사고의 뉴스를 듣고, 노모는 배 사고가 나면 물가에 가지 말라고 하시고, 비행기 사고가 나면 또 비행기를 타지 말라고 경고해 주신다.

어쩐지 아직 노모가 계시다는 사실에 마음 든든하고, 춘추전국 시대의 '노래자' 흉내는 못 낼망정 풋고추는 오래오래 받아먹을 수 있기를 바랄 뿐이다.

소통

이른 아침, 전화벨이 울렸다. 부처님 오신 날이니 노모의 전화임을 직감했다. 연례행사 중의 하나로 '절에 함께 가지 않겠느냐.' 는 말씀이시고, 이는 발바닥의 티눈 때문에 보행이 불편하시니 절까지 승용차를 좀 내어줄 수 있겠느냐는 뜻이 틀림없다. 아내를 흘낏 보면서 수화기를 들었다. 예상은 빗나가지 않았다. 노모를 절까지 모셔다 드리기로 대답했다.

언제부터인지 어머니와 통화할 때면 으레 아내의 눈치를 살핀다. 칠순이 넘은 나이에도 노모와 아내 사이를 헤매는 팔불출 아들이요, 못난 남편임에는 어쩔 수 없다. 지금까지도 남은 내 삶의 역시 해묵은 과제는 어머니와 아내 사이의 이른바 고부간의 갈등 때문이기도 하다.

우리 생활에 자리 잡은 유교적 사고방식에서 비롯된 대표적 허물인 고부간의 갈등은 대를 이어 전해지는 하나의 폐습이기도 하다. '시어머니의 심술은 하늘에서 내려온다.' 고 했던가. 며느리 편의 입장에서 하는 말이긴 하지만 쉽게 허물어지지 않는 우리 삶의 인습 같은 것이기도 하다.

결혼할 무렵, 홀어머니와 외아들, 그리고 아내와의 삼각관계는 흔히 말하는 고부간 갈등의 기본 골격의 대명사였다. 하지만 실제는 그렇지 않았다. 당시 어머니는 오십내의 아직 젊은 연세에 직장을 나가셨고, 나 또한 객지에서 회사생활을 시작한 때문에 자연히 결혼과 더불어 분가를 하였으니 우려했던 그 문제는 기우였다.

십여 년이 지나 어머니는 정년퇴직을 하셨고 살던 집도 팔고 모든 것을 정리하고 내가 살고 있는 곳으로 내려오셨다. 직장 정리 후, 만년에 아들에게 의탁하는 것은 당연한 길이었다. 하지만 어머니는 그러지 않으셨다.

뿐만 아니라 그때까지 매월 급료에만 매달려 직장생활을 하던 내게 어머니는 주위의 만류에도 불구하고 일생을 통해 마련한 적지 않은 경제적 밑바탕을 아무 조건 없이 흔쾌히 내주셨으니 상상하지 못한 일이기도 했다.

그릇은 부딪치면 소리가 난다고 했던가. 어머니와 아내는 같이 살진 않았고 자주 만나지도 않았다. 하지만 제사라든가 집안의 대사라고 할 수 있는 우리 아이들의 결혼 문제 등등에서 사소한 의견 차이가 하나 둘 쌓이기 시작하더니 결국 보이지 않는 갈등의 모습으로 번져갔다.

지금까지 홀로 살아오신 어머니의 몸에 밴 약간의 독선과 비교적 천성이 곧고 주장이 확실한 아내의 성격의 충돌 탓에 하나, 둘 보이지 않는 벽이 생기기 시작한 것이다. 그러면서 점차 견원지간의 모습이 되어 갔다.

소중한 남편을 낳아주신 시어머니와 사랑하는 자식을 대신 잘 돌봐줄 며느리가 아니고, 아들과 남편이라는 각자 자기중심적 입장에서 서로 자신의 영역을 빼앗은 존재로 인식하니 문제였다. 그 가운데 서있는 한 남자는 어쩔 수 없이 솔로몬 왕 앞의 아기 신세가 된 기분이었다.

절에 가시는 차림으로 노모는 벌써 나와 계셨다. 이젠 아흔의 연세이니 혼자 차에 오르는 것조차 힘들다. 많이 쇠약해진 것이 눈에 띈다. 얼마 전, 이웃 K과장의 노모께서 비슷한 연세에 별세를 하셨다. 마치 내 일처럼 머릿속에 떠올라 그동안 노모를 잘 모시지 못한 죄책감이 크게 와 닿았다. 특히 그 갈등 문제가 가장 마음에 걸리는 부분이기도 했다.

TV프로그램을 통해 동남아에서 시집온 젊은 아내와 시어머니 간의 갈등 문제를 본 적이 있다. 아내는 잘사는 한국을 동경했다. 결혼한 농촌의 신랑은 지적 장애자에 나이도 많고 생활 능력마저 없었다. 하지만 말도 통하지 않는 아내는 오로지 신랑을 헌신적으로 보살피고 사랑했으나 점차 시어머니와의 갈등 속에 힘든 나날을 보내고 있었다.

마침 방송국의 주선으로 무려 7년 만에 며느리는 시어머니와 함께 그녀의 친정을 방문하게 되었다. 놀라운 사실은 그녀의 친정은 아버지가 교양 있는 학교의 수학 교사로서 집안 환경도 매우 좋은 편이었다. 그뿐 아니라 시어머니는 사돈댁의 극진한 환대에 큰 감동을 받았고 며느리를 칭찬했다.

"너의 훌륭한 집안 환경이 놀랍고 덕분에 좋은 대접을 받으니 고맙구나."

며느리는 결혼 후, 처음 받는 시어머니의 칭찬이었다. 감동한 며느리는 비로소 그동안 가졌던 갈등과 너무 철저히 '돈을 아끼라.' 고만 강조한 시어머니에 대한 불만을 조용히 털어놓았다.

시어머니 역시 놀랐다. 그녀는 다정한 아들 부부에게 끼어들기 싫어서 못 본 척했고, 돈, 돈 한 것은 시어머니가 죽고 없을 경우,

장애자 신랑과 그래도 경제적 여유를 조금이나마 더 마련해 주기 위한 집념 때문이었다고 솔직한 심경을 토로했다.

비로소 깨닫게 된 며느리는 "왜 그런 이야기를 진작 해주시지 않았어요?"라고 원망을 하면서 서로 트여진 이해의 감동으로 부둥켜안고 울었다.

시실 그 며느리가 시어머니와 친정을 함께 간 때, 그동안의 고부 갈등이 너무 심했기에 과연 다시 한국으로 돌아가게 될까 걱정했었다. 하지만 그것은 기우였다. 서로 좋은 이해의 선물을 안고 기쁜 마음으로 귀국했다.

문제는 소통이었다. 요즈음 유행어로 '시-월드'라는 말이 있으니 아마 시댁이라는 말 같다. 그곳에서는 시어머니들과 며느리들이 활발하게 이해와 소통의 소리를 쏟아낸다. 격세지감이 아닐 수 없다. 그렇게 서로 고부가 소통함으로써 많은 문제를 해결할 수가 있음을 말해 주는 것 같다.

지금까지 여필종부니 칠거지악이니 하는 유교의 전통적 사고방식 속에서 모진 시집을 살았던 시어머니는 그들의 힘든 생활에서 터득한 고충을 그녀의 며느리에게는 전하지 않을 것 같지만 때로는 그들 사이에도 상충할 때가 없잖아 있다. 역시 '하늘에서 내려오는 심술' 탓을 하는지도 모른다.

시집간 딸들에게 '시媤자가 들어가는 사람과는 말을 함께 섞지 말라.'는 어처구니없는 경험철학을 전수하는 것을 들은 적이 있다. 속으로 놀랐다. 흔히 며느리를 '딸처럼 생각한다.' 고 말하지만 그렇지 못한 흰소리일 뿐이라고 말하는 것이 아닌가. 벽의 두께가 만만치 않음을 실감한다.

시어머니는 내 아들을 사랑해줘서 고맙고, 나를 '어머니' 라 불러줘서 고맙고, 내 손자들을 낳아 주어서 고맙다고 하며, 며느리 역시 시어머니에게 남편을 낳아주신 것에 감사하고 남편을 함께 사랑해 줘서 고맙게 생각하면 될 것이란 이야기를, 머리로는 하지만 가슴으로는 하지 못하고 있다.

드디어 노모와 함께 절에 도착했다. 가슴에 꽃을 달아준다. 노모를 특별히 깍듯하게 모시니 흐뭇했다. 노모 역시 행사를 집행하고 수고해 주시는 분들에게 일일이 칭찬으로 인사를 대신한다. 시어머니의 심술 대신 노모의 밝은 표정에서 변함없는 내 어머니의 옛 모습을 발견하고 놀랐다.

그러면서 법당에서는 당뇨병을 앓는 며느리의 건강을 가장 먼저 기원하셨다. 비록 아들 때문이라고 할 수도 있겠으나, 역시 며느리도 아끼는 자식임을 보여주셨다. 하늘에서 내려 준다는 시어머니의 주술이 혹시 풀린 것은 아닌가 하는 생각이 들었다.

아내도 며느리를 봤다. 시어머니의 대물림을 받은 셈이나, 외국에 나가 사는 아들 내외는 겨우 일 년에 한두 번 얼굴을 접할 뿐이다. 고부갈등은 없다고 다짐한 터수이지만 두고 볼 일이다.

무신호

'뿌~우웅' 우렁찬 뱃고동 소리에 잠을 깼다. 새벽 서너 시쯤이나 되었을까. 거의 매분 간격으로 길고 큰 음향을 토해내니, 덜 깬 잠에 그 소리의 파장이 머리끝까지 울리는 듯하다. 형용할 수 없는 슬픈 여운은 마치 새끼를 찾는 어미 소의 울음 같기도 하다. 추적거리는 초겨울 빗속을 간헐적으로 빠져나오는 그 소리는 스산해진 기분을 더욱 가라앉게 한다.

주섬주섬 옷을 걸치고 책상 앞에 앉는다. 한참을 기다려도 소리는 멈출 줄 모른다. 인내심이 부족한 탓인지 더는 참지 못하고 파출소에 전화를 했다.

"수고가 많습니다. 저 뱃고동 소리 때문에 잠을 잘 수가 없네요. 혹시 저건 안면安眠 방해가 아닌가요?"

돌아온 대답은 뜻밖이었다. 그건 뱃고동이 아니라 무신호霧信號라고 했다. 해무海霧가 짙으면 등대 불빛이 멀리 나가지 못하니, 공기 압축기로 사이렌을 울려 위치를 알려주는 등대의 신호라는 것이다. 울려 퍼지는 그 소리만이 정적을 깨트리는 이 새벽, 그것은 멀지 않은 대왕암 뒤, 바다를 향해 외롭게 서 있는 등대의 절절한 포효였다.

고기잡이 나갔던 배들과 선원들이 떠오른다. 밤새워 그들은 지친 몸과 마음으로 돌아오고 있으리라. 만선滿船의 꿈은 이뤘을까. 해무 때문에 항로를 가늠할 수 없는 바다 위에서 오직 저 무신호를 듣고, 반겨줄 가족과 쉼터가 있는 항구를 찾아 돌아오고 있을 것이다. 또한 그것은 그들에게 만남의 기쁨과 감미로운 휴식의 기대를 함께 안겨줄 것 같기도 하다.

각자의 얼굴이 다르듯, 삶의 무게는 사람마다 다르다. 자라온 환경과 그 과정이 같지 않기 때문이니, 운명을 개척한다고도 하고 팔자를 타고난다고도 한다. 살아가면서 남의 무게를 대신 지고 가기도 하고, 또한 남의 도움으로 그 삶의 무게를 가볍게 질 수도 있을 것이다. 올해로 구순 고령의 어머니는 오로지 남의 짐을 덜어주기 위해 평생을 사신 듯하다.

젊은 날, 어머니는 일찍 가신 아버지를 잡지 못했다. 그 때문에 외롭고 힘든 삶을 겪어야만 했다. 외할아버지, 외할머니를 뵌 기억은 없고, 홀로 된 망나니 외삼촌과 함께 살았다. 그는 나와 더불어 어머니의 큰 짐이었다. 학교와 직장을 구해주고 장가까지 들였으며, 후에는 우리가 함께 살던 집까지 물려주었다. 어머니와 나는 이모네 공장 안, 낮에도 불을 켜는 골방으로 옮겨가야 했다.

그것도 모자라, 후일에 어머니는 마지막 퇴직금까지 몽땅 다 내어 주셨다. 그것은 정말 소중한 큰돈이었다. 겨우, 노름으로 잃은 외삼촌의 집을 찾아주기 위해서였지만 당신은 불평 한마디 하지 않으셨다. 몇 해 전, 돌아가실 때까지도 그는 어머니를 괴롭히며 끝까지 처신 한 번 제대로 못했다. 그럼에도 친정 피붙이라는 명분으로 어머니는 외삼촌을 미워하지 말라고만 하셨다.

초등학교 시절은 6 · 25 전란으로 어려운 때였다. 당시 국군포

로로 북쪽으로 잡혀가다가 도망쳐 온 삼촌이 또 있었다. 그는 군대가 겁이 났는지 원대로 복귀하지 못한 채, 탈영병이 되고 말았다. 어머니는 그 때문에 고향으로 돌아가지 못한 그를 수년간 숨겨주고, 미군 부대에 직장까지 구해주고 하느라 몇 년간 홍역을 치르기도 하셨다. 그 역시 옹이의 마디였다.

등대가 있는 항구에는 배가 모인다. 당시 우리 집은 도시의 작은 삼 칸 집에 불과했으나 아래채를 더 달아냈다. 삼촌 사건 이후로 그곳은 시골의 사촌, 고종, 이종 등 많은 친인척 형제가 각각 학교에 다니고 사회로 가는 디딤돌이요, 양성소였다. 어머니는 그들이 제 몫을 할 때까지 학교와 직장, 결혼 등등 생의 중요한 부분을 해결해 주는 보호자요, 인생의 안내자였다.

어린 시절, 어머니의 그러한 큰손을 당연한 것쯤으로 생각했다. 하지만 중학생이 되면서 점차 남과 달리 그들의 뒤치다꺼리에 끝이 없는 어머니의 삶에 의문을 갖기 시작했다. 왜 우리는 항상 삼촌, 사촌들과 함께 살아야 하는가를 물었으나, 어머니는 그저 웃으며 '전생의 업' 이라는 알 수 없는 말씀을 해 주셨을 뿐이었다.

등대는 외딴 섬이나 바닷가 높은 곳에 홀로 서있다. 바라보는 바다는 한없이 넓고 운치도 있어 보이지만, 태풍이 몰아칠 때면 그 자리는 외로운 곳이고 풍랑과 싸우며 길을 잃고 헤매는 수많은 배들을 위해 불면의 밤을 보내야 하는 힘든 곳이다. 언제나,

또 다음 날을 위해 묵묵히 준비를 해야 한다.

이처럼 등대의 숭고하고 헌신적인 모습은 오랜 세월을 바쳐 자식들을 보호하고 사랑하는 어머니의 모습과 또한 다르지 않다. 푸른 바다 빛처럼 가슴은 퍼렇게 멍들고, 성난 파도에 몸과 마음이 할퀴어 지쳤으니, 가시고기의 훈장을 단 노모의 모습을 닮았다.

지금까지 노모에게는 자신을 위한 삶은 없었다. 그것에 더없는 연민의 정을 느낄 수밖에 없다. 오로지 성공한 자식을 바라보는 흐뭇함을 갖고 싶은 유일한 소망이 하나 있을 뿐이다. 이제는 더 내어줄 것도 없다. 그러나 아직도 자식 사랑의 미련으로 자식의 삶을 걱정해 주시는 노모는 영원한 원군援軍이시다. 긴 한 세월을 끝까지 비쳐주고픈 등대이시다.

울산의 동쪽 끝, 대왕암 공원에는 멋진 송림을 등지고 두 개의 등대가 있다. 앞쪽은 한창 젊음을 뽐내듯 열심인 새 등대이고 뒤쪽은 이제 퇴역한 낡은 등대이다. 세월 따라 역할을 물려주고 이어받은 것이다. 하지만 그 낡은 등대는 마치 펼쳐진 망망대해와 맞선, 새 등대의 운명이 믿기질 않아서 걱정하고 서있는 어미등대의 모습이다.

수수께끼였던 그 '전생의 업' 의 의미도 한참 늦은 나이에 겨우 깨닫는다. 노모를 거쳐 간 많은 친인척이 그때 그 시절을 회상하며, 친형제 이상의 깊은 정을 함께하면서 살아가고 있다. 그것은 거친 세파 속에 헤쳐가야 할, 외아들을 위한 어머니의 '업業'으로 지어주신 내 삶의 큰 방파제이다.

여자는 약하나 어머니는 강하다고 했던가. 자식을 위한 일이라면 물불을 가리지 않는 이 세상의 모든 어머니는 언제나 우리들의 가슴을 저리게 해 주는 등대이다.

무신호도 이제 지쳤는지 잦아들고 있다. 오늘도 많은 배가 무사히 항구로 돌아오도록 신호를 보내준다. 새삼 노모의 목소리가 그리워지는 이른 새벽이다.

부디 내 아들만

어머니의 미수米壽생신 일이다. 아래로 모두 4대代, 스무 명 가까운 식구들이 모였다. 촌집 거실이 모처럼 시끌벅적하다. 멀리 싱가포르에서 온 아들네가 더욱 노모를 기쁘게 하는 것 같다. 대를 잇는 손자라는 이유 때문일 것이다. 뒤돌아보면 노모는 오늘이 있기까지 끊임없는 질곡의 삶을 살아온 셈이다.

어머니는 스물한 살 꽃다운 나이에 혼자가 되셨다. 남편과의 사별이 앞날에 무엇을 의미하는지조차 모를 때였다. 오직 남은 것은 세 살배기 어린 아들과 역경을 부딪치며 살아남아야 할 모진 운명뿐이었다. 시가로부터는 남편을 죽게 한 덕 없는 며느리로 외면당하였고, 친정 역시 부모가 일찍 돌아가신 곳이니 이 세상 어디에도 기댈 곳이 없었다.

황량한 사막 위의 시든 풀 같은 삶이었다. 누구 하나 거들떠보는 이 없는 메마른 대지 위에 뜨거운 햇살만 내리쬐었다. 제대로 뿌리가 뻗을 수도, 줄기가 자랄 수도 없었다. 아무것도 모르고 남편의 그늘에서만 살아온 삶으로서 불어오는 강한 세파를 피할 곳도, 숨을 곳도 없었다.

모진 역경과 부딪히기 시작했다. 도시로, 시골로 집집을 헤매며 보퉁이 장사에서부터 직조공장의 여공 일까지 마다하지 않았다. 삶의 끈을 놓을 수 없는 운명이기에 해보지 않은 일이 없었다. 그 속을 헤쳐 온 것은 그래도 혼잣말로나마 나눌 수 있는 어린 아들이 하나 있었기 때문이었다.

낮에도 등잔불을 켜야 하는 공장 안의 토굴 같은 방이었다. 인척이 거저 내어준 곳이었으니 빛 한 줄기 들어오지 않는 방은 언제나 습했다. 매일 직장 식당에서 가져온 찬밥을 데워 먹는 생활이었다. 어머니에게 삶의 신조가 새겨졌다. 뼈를 깎는 근검절약으로 아들만은 잘 키워보겠다는 철석같은 집념이었다.

초등학교 시절, 잊을 수 없는 일을 겪었다. 어머니의 직장, 구내식당에서였다. 옆자리에 앉은 어머니의 친구가 내 등을 토닥여 주며 말했다.

"귀한 아들 왔네? 나중에 커서 엄마한테 효도하고 잘해 드려야 한다."

그 말에 어머니는 씁쓸한 웃음과 함께 무심코 한마디 흘리셨다.

"솔〔松〕 심어 정자亭子지……."

보잘것없는 작은 소나무가 어느 겨를에 자라 편히 쉴 정자를 만들겠느냐는 자조와 한탄 섞인 어머니의 대답이었다.

고향마을의 정자를 생각했다. 계곡의 맑은 물소리와 암벽을 휘감아 도는 아름다운 풍경소리가 있고, 붉은 단청의 큰 집이었다. 그 날 이후, 어머니를 편히 쉬게 할 '정자亭子의 꿈'을 생각했고 뇌리에 깊이 새겨졌었다.

소나무가 풍상을 겪으면서도 남모르게 자라듯, 어려움 속에서도 학업을 마치고 군을 제대하여 취업까지 할 수 있었다. 오랜 어머니의 숙원이 이루어진 셈인지도 모른다. 하지만 세월은 다시 수십 년을 흘려보내고 어머니는 물론 그 아들마저도 이제 노인으로 만들어 버렸다.

노모의 미수 생신을 앞둔 때였다. 숙원이었던 '정자의 꿈' 대신 운영하던 낡은 상가의 건물을 헐고 새 집을 지으려 했었다. 설계, 허가까지 끝냈으나 호사다마라고 했던가. 뜻밖의 일이 터졌다. 깡패, 사기꾼들이 들이닥친 것이었다. 그들은 엉뚱하게도 자기네들의 건물이라는 턱없는 억지 주장과 함께 불법 무단점유를 시작했다. 황당한 일이었다.

집이 법인 명의였다. 허위서류로 법인대표를 그들 명의로 바꾼 후, 법인의 재산을 설정하거나 매각을 통해 사취하고 달아날 수작이었다. 법인法人 전문털이의 무서운 사기꾼들이었다. 그들 중 하나만 죄를 뒤집어쓰고 이른바 큰집에서 몇 년을 살면 된다는 놀라운 계획범죄이었다. 지능적인 범죄 앞에 법은 허술하기만 했다.

어처구니없게도 집을 뺐기고 도로 찾는 악전고투가 이어졌다. 이 사회를 지켜주는 법과 행정에는 큰 약점이 있었다. 불법을 당해도 그를 벌하는 데는 그 법과 질서를 지켜야 한다는 점이었다. 범죄자들은 그것까지 모두 알고 노리니 검, 경도 그들이 내미는 허위서류 앞엔 힘을 못 썼다. 결국, 주먹은 가깝고 법은 멀다고 했던가.

여기에 참다 못한 노모가 나섰다. 법 절차는 알 수 없고 판단은 부족하지만, 엄연히 그들은 불법이요. 부당한 짓들이니 참을 수 없었다. 그들과 맞섰다. 노모는 '감히 아흔 노인을 함부로 해칠 수는 없을 것'이라는 믿음뿐이었다. 하지만 그들에겐 윤리요 도덕은 없었다. 노모는 그들이 불법침거하고 있는 곳을 마구 뒤엎었다.

이른바 우두머리로 행세하는 자를 잡고 따졌다. 그는 몸싸움에 휩싸이자 무지막지하게 노모를 세게 밀쳐버렸다. 힘없는 노모가 쓰러지며 큰 상해를 입게 되었으니 정말 어처구니없는 사고였다.

119구급차가 달려왔다. 뜻밖에 늑골이 부러지는 큰 상해로 전치 5주의 진단이 나왔다. 날벼락이 아닐 수 없었다. 그들은 입건되고 노모는 입원실로 찾아온 경찰관의 조서를 받았다. 오랜 풍상을 겪었으나 남에게 피해를 주지 않고 열심히 살아온 것뿐, 정말 처음 당하는 일이었다.

"할머니! 그들에 대해 마지막으로 더 하고 싶은 말씀이 있으면 하세요."

노모는 불편하고 고통스러운 자리였으나 손을 내저으며 간신히 말했다.

"나는 괜찮아요. 제발 부탁하건대 그놈들은 불법 사기꾼, 깡패들이니 부디 내 아들, 아들만은 다치지 않게 해 주시오!"

그 한마디였다. 곧 아흔이 되는 연세의 노모가 아직도 일흔의 아들이 봉변당하지나 않을까 하는 염려였다.

폭행죄가 처리되면서 거우 그들의 불법점유도 끝이 났다. 자식을 위한 노모의 큰 희생의 댓가였다.

미수 연米壽宴은 딸이 대신 읽는 '가족에게 바치는 글'로 이어졌다.

"부모 없이 태어난 자식이 어디 있겠는가. 부모는 늘 자식을 한

없이 짝사랑하며 살아오지만, 그 자식은 부모의 존재를 너무 쉽게 잊으면서 오늘날까지 살아 온 것 같다…….”

노모의 일념은 오직 이제 일흔이 다된 자식의 안녕만을 빌 뿐이다.

석가탑의 혼

불가에는 삼법인三法印이 있다. 부처님 진리의 요약이니, 곧 제행무상諸行無常, 제법무아諸法無我 열반적정涅槃寂靜이다. 이는 '불교의 횃불' 이라고도 하며, 그 가운데 제행무상을 으뜸이라고 한다.

노모께서 불국사에 가기를 원했다. 아닌 밤중에 홍두깨 격이었으나 의아심을 누르고 직접 차로 모시기로 했다. 왕복 두 시간의 거리다. 흩날리는 봄비는 포도를 적시고, 달리는 차 안에서 노모는 상념에 잠긴 듯 내내 눈을 감고 말이 없었다. 아흔의 노령에 무리한 여행이 아닌가 싶었지만, 표정은 한순간의 흐트러짐도 없이 담담하기만 했다.

태백산맥 줄기에서 이어 내린, 해안산맥 해발 745m의 최고봉에 토함산이 있다. 계곡을 흘러내리는 맑은 물소리와 소나무 숲을 가로질러 오는 그윽한 송뢰가 자연의 정취에 한층 무게를 싣는다. 청아한 목탁 소리가 맑다. 함께 하모니 되어 울리는 힘찬 예불 소리는 천 년 역사를 간직한 산사의 푸른 기운을 닮아 신선하다. 옛 신라의 흔적이 살아 숨 쉬는 절집, 불국사다.

경주는 군락의 고분에서 고도古都의 위용을 자랑하고, 불국사에서 찬란한 불교문화의 성지임을 새삼 깨닫게 해준다. 이는 신라인의 문화적 역량을 결집해 세운 예술의 정수精髓이기 때문이리라. 이제 세계문화유산에 등재되어 우리 민족만의 것이 아닌 인류 공동의 소중한 사적史蹟이기도 하다.

경주의 화엄 세계가 이룩된 것은 통일신라 시대였다. 23대 법흥왕은 불교사상의 통치이념에 목말랐고, 이차돈의 희생으로 불교를 국교로 공인할 수 있었다. 그의 연호 15년, 왕모 영제 부인이 불국 혼을 발원했으며, 후대 경덕왕이 선왕의 뜻을 이어 재상 김대성에게 불국사 건축 소임을 다하게 했다. 그는 차안此岸과 피안彼岸을 오고 간 태생의 비밀을 간직한 사람이었다.

붓다의 성역, 불국사 역시 그에 의해 차안과 피안을 모두 형상화시킨 곳이기도 하다. 홍예를 가로지르는 연못을 건너 청운교, 백운교를 올라간다. 자하문을 지나면서 사바세계에서 얻은 오욕의 티끌을 모두 떨쳐버릴 수 있는 차안의 그 경계요, 다시 대웅전을 돌아 무설전과 극락전을 거치면서 마침내 피안의 장엄한 세계, 화엄 정토를 펼쳐놓은 모습이 아닌가.

대웅전 앞에는 다보, 석가의 두 탑을 세웠다. 특히 왼편 석가탑은 예술작의 백미이며, 이곳에 부처님의 진신사리와 멸죄연수滅罪延壽를 위한 무구정광대다라니경을 모셨다. 석탑 축조는 백제의 젊은 석공 아사달의 손에 맡겨졌다. 열정을 다한 그들 가시버시의 영혼은 숭고한 사랑의 흔적을 남기고 소원所願했던 피안으로 들어갔음이 틀림없으리라.

삶에는 죽음과 고苦의 진리가 꿈틀댄다. 하늘로 치솟은 이차돈의 젖빛 피의 순교가 그렇고, '에밀레-!' 슬픈 영혼의 메아리가 울리는 봉덕사의 종이 또한 그렇다. 이들 모두가 피안의 세계에서 승화된 불교문화의 진리와 통한다. 노모가 젊은 날에 겪은 뼈저린 인연의 굴레를 확인함이 오늘 이곳을 찾는 이유라 하지 않는가.

평소에도 노모는 절을 가까이했다. 집 인근에 부처님의 둥지를 튼 곳이 따로 있었다. 그럼에도 오늘은 왜 하필 불국사냐는 물음에 대한 대답이며, 이어 옛 일기장 속 기억을 더듬듯 그 인연의 순간 속으로 나를 끌고 간다.

"이곳은 네 아버지의 젊은 영혼을 천도한 곳이기도 하지……."

원래 말이 없기도 했지만, 내 어린 시절의 아버지 이야기는 처음이었다.

열일곱 나이에 어머니는 아버지와 인연을 맺었다. 종군위안부 강제 동원을 피하고자 외할아버지께서 서두른 혼인이었으나, 꽃다운 스물하나에 아버지와 사별했다. 피지도 못한 채 억울하게 꺾인 아버지의 요절은 어머니에겐 감당할 수 없는 운명의 천길 낭떠러지였다. 부음을 듣고 찾아온 아버지의 친구, 한 탁발승의 주선으로 아버지의 혼을 불국사에 겨우 의탁하게 되었다.

처음 당하는 일에 어머니는 경황이 없었다. 한 번도 재齋를 올리지 못했다. 사십구일이 되자 탁발승이 잊지 않고 다시 찾아와 주었다. 그의 도움으로 불국사를 찾아 아버지의 마지막 천도를 겨우 치러낼 수 있었다. 안택을 고향에 모시지도 못하고 먼 곳에 와서 아버지와 작별하는 어머니의 가슴은 찢이지고 몸은 탈진했다.

이를 눈치 챈 탁발승은 어머니를 한 곳으로 데려갔다. 석가탑 앞이었다. 땅거미가 지는 저녁, 검푸른 하늘을 배경으로 탑 추녀 마루가 기와지붕의 그것처럼 상큼한 균형을 이룬 모습이 눈에 들어왔다. 단단한 기단 위에 군더더기 없이 버티고 선, 삼 층 석탑, 그 단아한 기품에 가슴이 저려왔다. 언제나 든든한 믿음을 주던 바로 아버지의 모습으로 와 닿았기 때문이었다.

비원悲願이 서린 탑을 바라보는 어머니는 눈물을 주체할 수 없었다. 살아남은 구차함이 부끄러웠다. 지아비를 찾아 영지에 몸을 던진 아사녀의 영혼이 부러웠다. 가까스로 정신을 차리자, 알 수 없는 새소리가 들렸다. 아버지의 현신 같았다. 탁발승은 고인의 죽음을 위로하며 불가의 한 가르침을 둥글고 맑은 음성으로 설說하기 시작했다.

"제행무상諸行無常이라 하지요. 우주 만물은 항상 생사와 인과因果가 끊임없이 윤회하니, 한 상태로 머물러 있지 않고 언제나 변한답니다."

업보는 소멸되고 운명은 바뀐다. 죽음도 그 속에 있으며, 인간의 고통은 무상無常, 무아無我, 적정寂靜의 삼법인三法印 때문이다. 모든 것이 변하고 고정된 실체가 없으니 고苦 속에서 번민하게 된다. 그 속에서 유한의 생명으로 무한의 가치를 찾는 데 삶의 참뜻이 있으니, 죽음의 슬픔에 얽매일 수만은 없다. 한때라도 게을리 말고 삶에 정진하라는 부처님의 말씀이라고 했다. 이는 고인이 남기는 뜻이기도 할 것이라며 간곡히 일러주었다.

그의 법문은 날카로운 비수처럼 온몸을 파고들었으며, 그 후 지금껏 모진 삶의 고비마다 법문의 진리는 든든한 버팀목이 되었다. 또한 차가운 달빛 아래, 선명한 탑신의 모습은 아버지의 영혼으로 깊이 새겨졌으며, 그 처절한 아름다움은 평생 잊을 수 없는 시린 한恨과 벅찬 감동을 함께 안겨주었다.

칠십여 년, 힘든 삶의 성상星霜을 외롭게 헤쳐 온 시간이었다.

노모는 탑 앞에 섰다. 놀라웠다. 탑은 완전히 해체되어 있는 것이 아닌가. 중수重修를 한다는 명분이었다. 세월에 낡고 비바람에 훼손되었다. 탑신이 아니라 그냥 돌덩이였다. 찬란한 그 모습은 간데없고, 쇠잔한 영혼으로 누워 있었다. 제행은 무상이요, 생자는 필멸必滅이라. 태어남은 무엇이고 돌아감은 무엇인가.

탑 앞에 조용히 합장하며, 생의 터널에 맺힌 한마디를 조용히 내뱉는다.

"나, 이제 삶의 고苦를 마치게 되었네요. 곧 뒤따라가리다."

어느새 비는 그치고 사위는 조용하다. 월명사月明師의 *「제망매가祭亡妹歌」가 귓전에 울려온다.

> 삶과 죽음의 길/ 여기 있으매,/ 머뭇거리다가/ 간다는 말도 못다 이르고 간단 말인가/ 어느 가을 이른 바람에/ 여기저기 떨어지는 나뭇잎처럼/ 가는 곳 모르는구나./ 아아! 미타찰에서 만날 나/ 도道 닦으며 기다리겠노라.

서녘 빛이 소멸의 아름다움으로 타오른다. 깨어지고 흩어졌던 돌들이 하나, 둘 다시 모여 석가탑은 세워지리라. 윤회의 진리다. 처마 끝 풍경風磬이 향가에 화답하듯, 잔잔한 대웅전 뜰에 맑게 울려 퍼진다.

* 제망매가祭亡妹歌 : 신라의 유명한 문인이요 승려였던 월명사月明師가 지은 향가. 죽은 여동생을 위해 재를 올릴 때 이를 읊자, 종이돈이 서쪽(저승)으로 날아가 영혼에게 전해졌다고 함.

3

비빔밥 인생

비빔밥 인생

내겐 종교가 없다. 언젠가 '교회, 성당, 절을 모두 기웃거렸으나 아직 변변한 종교 하나 갖지 못하고 있다.' 는 푸념의 글을 늘어놓았더니 누군가 거기에 '한쪽은 영靈사상이고 한쪽은 선禪사상인데 이 둘을 고추장, 된장 넣고 비벼 놓았으니, 비빔밥 맛 밖에 없을 것 같구려. 어느 것도 진미를 모를 것이외다.' 라는 약간은 냉소적인 글을 달아놓았다.

살아오면서 사상, 인생, 종교 이러한 철학적 명제는 사실 깊이 생각해 본 적이 없다. 생각은커녕 진정한 그들의 의미 터득도 하지 못한 채 그럭저럭 되는 대로 살아가고 있는 것 같기도 하다. 높은 신앙심으로 진지한 삶을 살고 있는 사람들과 비교해 볼 때 정말 나는 그의 말대로 이도 저도 아닌 어중간한 삶을 이어가고 있는지도 모른다.

외국에 살고 있는 친구의 이야기가 또 있다. 초면인사 할 때 '종교가 없다.' 고 하면 이상한 사람처럼 본다고 했다. 주위에는 이처럼 종교가 삶에 깊은 뿌리로 박혀있는 사람들도 많다. 거친 삶을 살기엔 인간은 너무 약하지 않은가. 그 삶을 살기 위해 절대자의 존재에 의지하는 것이 큰 도움이 되며, 결국 그것이 종교가 생활의 중요한 부분이 되는 이유인 것 같기도 하다.

전쟁터에서는 무신론자가 없다고 한다. 약한 인간의 의지는 위기에서 절대자에 의지하고 싶은 본능 때문일 것이다. 이처럼 종교는 삶에 있어 덧옷과 같은 것처럼 생각된다. 입지 않아도 살 수는 있다. 하지만 종교는 삶에 긍정적인 자신감을 주기도 하고 마음에 위안을 얻게 되어 위기에 덜 불안하게 되기 때문에 그것은 든든한 삶의 울타리가 되고 있는 것이리라.

그가 이야기한 내 비빔밥 맛의 종교, 이는 어느 것 하나 택일하지 못하고 여기저기 기웃거리고만 있는 나의 어리석은 종교관을 탓한 듯하다. 종교에 무지한 터수에 짧은 실력으로 종교에 깊은 신앙심과 일가견이 있는 그들과 한마디라도 섣불리 왈가왈부할 의도는 조금도 없다.

하지만, "비빔밥 맛밖에 없을 것 같구려." 하는 그 이야기는 좀 수긍하기 힘들다. 그는 아마 비빔밥의 진수를 잘 모르는 것 같다. 비빔밥만큼 그 맛과 효율성을 갖춘 음식은 없다고 했다. 예부터 전주비빔밥은 평양냉면, 개성탕반과 함께 조선 시대의 3대 가장 훌륭한 요리로 알려졌다. 그 중에도 이 비빔밥이 으뜸이라고까지 하지 않았는가.

나 또한 이 비빔밥을 좋아한다. 잘 가는 비빔밥 단골집까지도 있으니, 그곳은 특별히 만든 비빔 된장, 고추장에 이곳 특산물인 향기가 좋고 풋풋한 미나리 무침이 일품이다. 시원한 동치미에 바삭바삭 씹히는 말린 작은 고추 튀김 같은 밑반찬도 그 별미를 더해 준다. 깔끔한 집 분위기하며, 주인 또한 친절하니 벌써 여러 해를 찾는 곳이기도 하다.

또한 집에서도 아내가 나보다 가끔 더 늦게 귀가를 해서 후다닥 벼락치기로 만들어 내놓는 차림 상, 그것이 또한 이 비빔밥이다. '저녁 준비도 안 하고 어딜 그렇게 쏘다니는 거요?' 한마디 핀잔이라도 주고 싶으나, 실은 적반하장의 반격이 겁이 나 참고 먹는 속사정도 좀 있긴 하다. 어쨌든 별 준비도 없이 급히 내어놓는 밥상보다 이것저것 다양한 나물과 함께 어울린 비빔밥 맛이 훨씬 윗길이다. 이처럼 뛰어난 효율성을 갖춘 음식이 또 있겠는가.

또한 비빔밥은 음악으로 치면 오케스트라에 해당한다고 말하고 싶다. 여러 음악의 분류가 있겠지만, 기악에서 바이올린이나 피아노의 솔로, 협주보다 여러 악기가 함께 연주되는 오케스트라를 좋아한다. 함께 어우러지는 큰 규모와 강한 메시지의 느낌이 솔로나 협주곡의 맛과는 비교될 수 없다. 비빔밥의 오묘한 복합적인 맛이 이와 일맥상통하는 것이 아닌가 싶다.

기독교는 죽어서 천국을, 불교는 해탈하여 극락을, 천주교는 하느님을 영접하는 것이 가장 큰 목적이라고 쉽게 정의할 수 있는지 모른다. 또한, 우리가 종교를 갖는 심리적 바람은 이고득락離苦得樂, 즉 일상의 삶의 고통에서 벗어나 즐거운 낙을 얻는 것일게다. 하지만 삶 속에 그 바람〔願〕을 제대로 누리는 것이 그리 쉬운 일은 아니다.

알고 있는 한 부인은 집안의 전통으로 독실한 신앙을 갖고 자랐다고 했다. 하지만 중년에 남편과 사별하고 두 아이를 데리고 삶의 무게에 눌려 큰 고통을 당하게 되었다. 그녀는 결국 '내가 열심히 종교를 믿고 살아왔건만 이런 힘든 고통을 주니 주主는 없는 존재구나.' 하는 실망감을 갖게 되고 결국, 그 신앙을 헌신짝처럼 버렸다고 했다.

이처럼 모든 삶의 이치에 '주고받는' 거래의 속성도 있겠지만, 신앙에 대한 깊은 성찰도 없이 모든 것이 로마로 통하듯 오로지 마음속 절대자의 전지전능한 힘만을 믿고 의지하려는 그 안일함이 올바른 신앙인의 마음가짐이 되어서는 안 될 것이 아닌가 한다.

나는 종교 입문에 실패한 터수다. 그것을 대신하여 삶의 뚜렷한 목표와 올바른 인생관을 갖는 것이 더 확실한 덕목쯤으로 생각해 왔다. 어느 종교나 가르치는 삶의 진리는 큰 차이가 없으니 그들을 일관되게 엮어 내 인생관의 지표로 삼겠다는 나름대로 내 비빔밥식 종교관도 괜찮지 않겠는가.

종교에 대한 부정적인 생각은 없으나 어떻게 된 셈인지 인연을 맺고 들어오는 새 식구인 사위나 며느리마저 초록은 동색으로 종교에 심취한 이 하나 없다. 섭섭함과 다행스러움이 함께 교차한다. 어쩌랴. 종교적 편견 없이 이 사회에 잘 적응하고 살아 나가기를 바랄 뿐이다.

얼마 전 잘 아는 후배는 또다시 종교에의 귀의를 끈질기게 권했다. 역시 선뜻 따라나서질 못했다. 집요한 그의 전도가 오히려 일종의 마법의 유혹처럼 생각되어 거부감을 불러왔다. 가슴은 종교를 바라면서도 이성의 머리로는 종교에 쉽게 동화되지 못하는 어리석음과 그 계명의 구속력에 내 영혼이 미리 겁먹은지도 모른다.

삶은 항상 세파 속에서 끊임없는 시험도 받고 곤경에도 빠지게 되어있다. 하지만 그 속에서 인생 희로애락의 참맛도 음미하면서

가는 것 또한 삶을 진지하게 사는 한 방법일 수도 있다고 자위해 본다.

인생을 비빔밥처럼 맛과 융통성을 아우르는 지혜로 여유롭게 살고 싶다.

불광

벽에 걸린 그림을 본다. 짙은 흑갈색의 굵다란 두 고목 사이로 산사山寺의 고즈넉함으로 이어지는 외길이 조용히 누워 있다. 길 오른쪽 산기슭은 흑청색의 숲이 커튼처럼 드리워져 있고, 앞쪽의 작은 나뭇가지들만이 석양을 받아 어두운 적막감을 약간 희석해 주고 있다. '세한도歲寒圖' 라는 제목의 어쭙잖은 내 그림이다.

이는 조선조 후기의 서도가요, 고증학자인 추사秋史 선생의 유명한 작품 제목이기도 하다. 나 역시, 당시 세한의 혹독한 추위와 어렵고도 힘든 한 사연을 겪는 과정이었다. 그러한 내 심경이 제주도 유배지에서도 심의心意를 중시하시던 선생의 고매한 인품이 생각나서, 외람되긴 하나 감히 같은 작품 제목을 붙였다. 그림을 볼 때면 어쩔 수 없이 그때의 일들이 생각나곤 한다.

삶에는 끊임없는 이해利害의 탐욕이 있게 마련인가. 십여 년 전 그때, 믿었던 후배의 배신으로 많은 것을 잃었다. 물질상의 피해는 말할 것도 없고, 심경 또한 깊은 절망의 나락으로 떨어졌다. 급기야 아내와 나는 집을 떠나야 했다. 도착한 데가 바로 그림의 그곳, 영천 은해사였다.

사찰 입구, 금포정禁捕町 송림은 일체의 살생을 금한 곳이라 했다. 보화루까지의 울창한 소나무 숲은 품위를 갖춘 아름다움과 함께, 솔의 고고한 지조와 절개를 느끼게 해 주었다. 이로써 마음에 큰 위안을 얻었다. 그 풍광을 가슴에 담고 싶어 이젤을 세우고 유화油畵 그림에 몰두했다. 그림붓으로 아픔을 치유하고 정신적 안정을 되찾으려는 내 극기克己의 수단이었다.

그림에는 혼을 담는다고 했다. 세한도라는 이름만 같을 뿐, 바랐던 추사의 예술혼은 흉내도 낼 수 없었다. 선생의 것에는 송백松柏의 기개를 빌려 지조와 의리를 지킨 제자에 대한 깊은 '감사'의 뜻이 담겨 있지만, 내 경우는 배신한 후배에 대한 증오의 '한

恨' 이 서려 있었다. 그 '한' 의 골이 깊었다. 그림이 제대로 될 수 없었으니 내 심신의 치유 역시 바랄 수가 없었다.

그림이 다 되어 갈 무렵이었다. 그동안 나의 모습을 눈여겨보시던 한 스님께서 저녁 공양을 함께하자고 했다. 뜻밖이었다. 겨울 저녁 산사는 차분했고, 스님의 맑은 시선과 부드러운 음성은 그동안 얼어붙어 있던 내 마음속 긴장의 끈을 늦춰주기에 충분했다. 송암松巖 스님이었다. 스님은 공양을 마친 후, 차茶를 권하면서 천천히 말문을 여셨다.

"처사님의 그림에 쏟는 심경은 같이 온 보살님으로부터 잘 들었습니다. 모든 괴로움은 좋거나 싫음의 집착에서 오지요." 사랑하되 집착이 없어야 하고, 미워하더라도 거기에 오래 머물러서는 안 된다는 말씀이었다.

좋고 싫음은 인간의 기본감정이 아닌가. 갓 태어난 아기가 가장 먼저 깨닫는 것 또한 이것일 터이다. '좋은 것' 을 추구하는 것이 인간 본연의 속성 아닌가. 그럼에도 호好, 불호에 대한 집착을 버리라 함은 의문이 아닐 수 없었다. 이러한 내 생각을 간파하신 듯, 스님은 조용히 나를 이끌고 가셨다.

스님이 데려간 곳은 '불광佛光' 편액 앞이었다. 처음 보게 된 편액이었다. 다른 것과는 달리, 두 글자의 세로 길이가 같지 않은 이상한 모양이었다. 하지만 글씨는 힘이 있어 살아있는 듯 꿈틀거렸다. 강한 문체에 압도되어 꼼짝하지 못하고 서 있는데, 등 뒤의 스님이 추사 선생의 글씨라고 일러주셨다. 마치 선생 앞에 엄숙히 머리 숙이고 있는 듯했다. 편액을 보여주신 스님의 숨은 뜻을 헤아리기 위해 잠시 눈을 감았다.

"佛光은 부처님의 후광인 자비광명의 상징이지요." 그것은 어둠을 없애고 진리를 밝히는 의미이다. 삶이 저질러 온 나쁜 습성, 부끄러운 모습도 환하게 비추어 올바른 길로 인도하는 지혜의 빛이다. 좋고 싫음의 집착을 버리는 지혜도 곧 이 '불광'과 통한다고 하셨다.

산사의 저녁 시간이 깊어가고 있었다. 오랜 시간, 내 '한恨'의 심경을 스님에게 토로할 수 있었다. 이야기를 들으신 스님은 지난날의 지은 업을 풀고, 용서하며 살라는 긴한 충언을 주셨다. 용서는 증오심으로부터 자신을 자유롭게 해주며, 그 증오의 집착에서 벗어나야 미래로 나아갈 수 있다. 그 때문에 용서는 곧 자신을 위한 것이라는 말씀이었다.

스님의 이 '버림으로써 얻게 되는 불광의 깨우침'에 마음이 편안해지고, 증오의 집착을 털게 되니, 관용의 여유가 생기는 듯했다. 놀랍게도 다음 날, 그 심한 정신적 갈등과 방황을 끝내고 집으로 돌아올 수 있었다.

사람에게도 회귀본능이 있는 것인가. 그 후, 다른 삶의 곡절에 부딪힐 때마다 집착을 버리는 불광의 교훈으로 해법을 얻곤 했다. 그런 사연들 속에 점차 추사 선생의 고매한 정신을 더욱 가까이하고 싶은 갈증이 일었다. 그것이 송암 스님을 뵙고 그 편액을 보고 싶은 바람으로 변해, 드디어 십여 년의 세월을 뛰어넘어 어느 화창한 봄날 은해사를 다시 찾게 되었다.

금포정禁捕町 송림은 십년지기처럼 반갑게 맞아주었다. 하지만 마음의 짐을 벗게 해주신 스님은 이미 이 세상에 계시지 않았으며, '세한도'의 그 경관 또한 당시와 달리 많이 훼손되고 없었다. 내 삶의 뿌리 깊은 회한도 돌아볼 기회마저 허락되지 않았으니 모든 것을 잊으라는 섭리인가.

이윽고 대웅전 앞, 박물관에 다다랐다. 들어서니 '佛光' 편액이 가장 먼저 눈에 들어온다. 순간, 숨결이 멈춰지고 신음 같은 탄성이 새어나왔다. 오랜 세월에도 편액의 느낌은 변함이 없었다. 선생은 이 작품으로 수백 성상을 거쳐, 부처님의 불광, 즉 자비 광명을 깨우쳐 주고자 했음이 틀림없었으리라. 궁금했던, 선생의 예술혼이 깃든 편액의 태동 일화를 들을 수 있었다.

은해사 주지 스님은 불에 탄 절을 중건하면서, 추사의 글씨로 편액을 걸고 싶어 그에게 간청했다. 오랜 시간이 지나도 글을 주지 않아 직접 찾아갔다. 추사는 벽장을 열고 그 속에 가득 찬 '佛光'의 수많은 파지破紙를 보여주면서 그 속에서 한 작품을 골라주었다. 편액 하나를 위해, 추사 선생도 수없이 쓰고 다시 쓰는 수고를 마다치 않았던 게다.

여기에 그치지 않았다. 주지 스님은 편액을 만들면서 긴 '佛'

자의 마지막 획을 망설임 끝에 '光' 자의 세로길이와 같게 잘라 장방형으로 만들어버렸다. 후일 절을 찾은 추사가 그것을 보고는 큰 노여움으로 편액을 떼어오라 하여 절 마당에서 불살라 버렸다. 주지 스님은 크게 당황하여 즉시 사죄하고 원 모습으로 다시 만든 것이 지금의 작품이라고 했다.

'佛' 자의 오른쪽 마지막 긴 획으로 말미암아, 편액의 세로가 길어져 거의 다섯 자에 가까운 정방형이다. 그로 인해 왼쪽 아랫부분에 생긴 여백에 유난히 눈길이 간다. 그곳에 선생이 남기신 심오한 예술적 감각과 생각의 여유가 조용히 전해온다.

선생은 이미 가고 없으나, 서릿발 같은 영혼이 맑은 물소리와 함께 고찰의 뜰을 노닐면서 후손들에게 삶의 크나큰 교훈을 일러주시고 계신 듯하다. 새삼 흐트러진 마음을 추스르며 그 앞에 두 손을 모은다.

봄이 되면

벚꽃이 한창이다. 맑은 소녀처럼 싱그럽고 화사한 모습은 새 생명의 환희를 보여준다. 여름은 삶의 뜨거운 정열을 느낄 수는 있지만 지치고, 가을은 사색이란 아스라한 감상을 주지만 어딘가 쓸쓸해진다. 겨울은 한 해의 삶을 되돌아보는 계절이라 의미가 깊지만 사람을 움츠리게 한다. 그래도 생동감과 함께 기쁨을 주는 것은 아무래도 나무와 꽃들이 활짝 피는 봄이 아닌가 한다.

'내년에도 저 꽃을 다시 볼 수 있을까' 하던 시간이 있었다. 체념의 너울 속에 갇힌 깊은 상처 때문이었다. 삶의 복병이었던 암 투병 중이었다. 검진차 서울을 오가면서 안간힘을 기울이던 때였으니, 다음 해를 기약할 수 없는 절박한 심경이었다. 그 시기에 만난, 아파트 진입로에 서 있는 화사한 벚꽃은 오히려 씁쓸함이었으며, 장례식장의 흰 국화꽃으로 연상되었다.

그 후, 매년 벚꽃이 피는 계절이 오면 지난 기억이 되살아난다. 그 화사함 뒤에 당시의 처절했던 불안한 가슴속 여운이 어린 시절의 악몽처럼 고스란히 묻어오곤 했다. 그 이후, 삶에서 또다시 찾아올지도 모르는 그런 불행한 날들을 애써 외면하면서 살아왔다. 가끔 그 생각을 하면서 놀란다.

벚꽃이 주는 그러한 감상을 더 일찍 남겨주신 분이 또 있다. 중학교 때의 한문 선생님이다. 수십 년이 지났으나 아직 선생님의 존함을 잊지 않고 있다. 당시 교장 선생님보다도 연세가 많고 초등학교 교감 정년을 이미 보냈다고 했다. 그 연세에도 불구하고 바리톤의 굵은 음성이 매력이었고, 체구가 당당하여 젊은 선생님들과 비교해도 손색이 없는 노익장이었다.

맨 앞 교탁 바로 밑이 내 자리였다. 당시 칠판에 쓰시던 교과서의 한자를 큰 소리 내어 읽도록 단골 호명을 당했으니 비교적 선생님으로부터 총애를 받은 셈이었다. 항상 한문 수업 시간이 즐거웠고, 대신 그만큼 긴장의 끈을 놓을 수 없어 자연히 많은 예습을 하던 기억이 새삼스럽다. 선생님과 이심전심으로 통한다는 생각까지 했으니 아마도 인정認定과 신뢰를 가졌던 것 같다.

언제나 청산유수처럼 쏟아져 나오는 선생님의 한시가 멋스러웠고 매력적이었다. 가끔 들려주시던 사자성어에 얽힌 삼국지 이야기는 우리들에게 호연지기를 키워 주셨으며, 그래서 한문 시간은 큰 환영을 받는 수업이기도 했다. 나태해지는 여름이면 수업시간을 가끔 손자가 할아버지한테 떼를 쓰듯 이야기 시간으로 만들어 달라고 합창하기도 했으니 그 때문에 한문 시간을 기다리기도 했다.

수업이 끝날 무렵이면 가끔 훌륭한 교훈이 될 만한 글귀들을 칠판에 쓰면서 한마디씩 호쾌한 해설을 덧붙여 주셨다. 당시엔 큰 매력을 느끼지 못했으나 후일 다시 그 글들을 접할 때면 새삼 감회에 젖어든다. 어느 봄날, 선생님이 주신 그 글이 지금까지도 생각나니 가끔 낡은 수첩 속의 추억처럼 한 번씩 꺼내 보면서 그날을 회상하곤 한다.

그날도 교정의 벚꽃이 흐드러지게 피어 있었다. 투병 중이던, 선생님의 사모님과의 사별 소식이 들렸다. 일주일가량, 상을 치느라 결근하고 다시 나타나신 초췌해진 모습에서 넓은 어깨가 어딘지 모르게 처져 보였다. 평소의 활달한 기운이 사라지고 하염없이 창밖 벚꽃 길을 바라보시던 그 눈길은 잊을 수가 없다. 그날 묵묵히 칠판에 쓰신 글귀는 유명한 도연명陶淵明의 시였다.

盛年不重來 (성년부중래) 젊음은 거듭 오지 아니하고
一日難再晨 (일일난재신) 하루는 다시 새벽이 되기 어렵네.
及時當勉勵 (급시당면려) 때에 미쳐 마땅히 힘쓸지라.
歲月不待人 (세월부대인) 세월은 사람을 기다리지 아니하네.

우리에게 준 교훈이라기보다 당시 선생님의 간절한 심정이 담겨져 있었기 때문은 아닐까 싶다. 어린 마음에도 느껴지는 측은지심이었다. 오히려 후일에 더욱 공감을 하게 되는 삶의 진지한 교훈이기도 하다.

세월을 지나면서 가끔은 뒤돌아보며 산다고 했던가. 이제 내가 어느새 그 선생님의 연세쯤 되었으니 새삼 선생님과 그 시가 생각나는 것은 아마도 '歲月不待人'의 평범하나 불변의 진리가 시공을 초월하여 절실히 전해오기 때문인지도 모른다.

가끔 정신연령 45세의 청년이라고 떼를 써보기도 한다. 하시만 안간힘을 내는 흰소리라는 생각을 곧 깨닫게 된다. 그러한 억지스런 소리를 하는 것은 젊음에 대한 부러움이고 지난날에 대한 향수 같은 것이리라.

나이는 숫자에 불과하다는 말을 종종 듣게 된다. 젊음은 이십대 소년에게만 있는 게 아니라 육십대 장년에게도 있고, 인생은 나이로 늙는 것이 아니라 이상의 결핍으로 늙는다는 말인 것 같다. 세월은 피부에 주름을 보태지만 열정을 잃으면 영혼에 주름이 진다고 했다. 마음을 늙게 하고 정신을 매장시키는 것은 고뇌와 공포와 자포자기가 되는 것이 아닌가.

또 잊히지 않는 어느 여류 명사의 이야기가 있다. 그녀는 아침에 일어나서 반드시 피아노로 생일 축가를 친다고 한다. 그리고 하루의 삶을 최선을 다해 살기 위하여 아침에는 탄생하고 저녁에는 생을 마친다는 각오로 산다고 했다. 탄생의 노래로써 아침을 자축하며 시작을 하는 의미이니 꽤나 열정적인 삶의 모습으로 받아들여진다.

미래에 대한 끝없는 호기심 그리고 삶에 대한 들끓는 환희는 십육 세의 가슴에나 육십 세의 가슴에나 똑같이 깃들어 있다. 그 안테나를 올리고 낙관의 전파를 받아들이면 팔십 세의 젊은이로 세상을 살아갈 수가 있다고 믿고 싶다.

벚꽃이 흐드러지게 피는 봄이 되면 한 해의 새로운 환상과 함께 또 다른 한 생각에 머문다. 그것은 기다려 주지 않는 세월에 대한 다짐 같은 것이다.

별호

K교수께서 별호別號를 물으셨다. 이름 대신 부르는 칭호이나 여태 깊은 관심을 가져본 적이 없었다. 컴퓨터를 접하면서 동호인 모임인 '카페'에 발을 들여놓게 되었다. 그곳에서는 별호만 쓴다고 했다. 같은 연배들의 온라인 속 만남이니 서로 얼굴도 모르는 터수였다. 친근감이 가도록 불리는 것이 좋겠다는 생각으로 스스로 지은 것이 하필 '친구'였다.

'친구'라면 얼핏 떠오르는 글이 있으니 고산孤山 윤선도의 오우가五友歌다. '내 벗이 몇인고 하니 수석과 송죽이라 그 위에 달 오르니 긔 더욱 반갑고야. 두어라 이 다섯밖에 더하여 무엇 하리.' 그는 이처럼 말없이 가까이서 함께 벗하며 이야기를 나눌 수 있는 자연의 덕성을 좋아하여 그 가운데 다섯 친구를 내세웠다.

맑으면서 그치지 않는 물〔水〕, 변치 않고 묵묵히 앉아있는 바위〔石〕, 눈서리를 모르고 늘 푸른빛을 발하는 소나무〔松〕, 곧은 절개와 욕심 없는 대나무〔竹〕 그리고 청상의 품격처럼 고고히 밤하늘에 나타나 이 세상 구석구석을 밝혀주는 달〔月〕을 친구로 엮어 읊었다. 이는 자연과 어우러지는 맑은 정신의 신선함마저 느끼게 해준다.

하지만 또 다른 한편의 생각에 머문다. 그는 이름난 시인이요 정치가였다. 높은 인격을 갖춘 선비에다 세도가였으니 교우하는 사람이 왜 없었겠는가. 권좌에서 밀려나 유배의 몸이 되었을 때 멀어진 사람들에 대한 한없는 원망과 외로움으로 염량세태를 뼈

저리게 느꼈으리라. 그 대신 자연의 가르침을 겸허히 받아들이면서 水, 石, 松, 竹, 月의 높은 품위를 진정한 친구에 비겨 읊은 것일 수도 있다. 그의 어부사시사에서는 자연에 귀의한 선생의 모습이 더욱 많은 것을 이야기해 주고 있다. '지국총 지국총 어사와' 의 느낌이 어쩐지 비감하게 들리기도 하는 때문이다.

친구는 내가 어려움에 부닥쳐 있을 때 다가와 위로해 주고 묵묵히 격려해 줄 수 있는, 생에 있어 가장 소중한 존재가 아닌가. 살면서 누구나 몇 명의 친구를 갖는다고 한다. 무슨 일이 있으면 달려와 기쁨과 어려움을 함께해 줄 수 있는 사람들이야 있다. 하지만 이해관계에 부닥치면 서슴지 않고 돌아서기도 하니, 서로의 삶의 뿌리를 함께하며 깊은 마음을 나누는 '진정한 친구' 는 그리 흔하지 않은 것 같다.

내 경우에는 진정한 친구가 딱 한 명 있다. 그는 C군이다. 그와의 첫 만남은 중학교에서였다. 코흘리개를 벗어나 중학생이 되면서 짝으로 함께 앉은 것이 그였다. 점차 알게 된 사실로, 우리는 둘 다 편모슬하의 독자獨子였다. 그것은 혼자만 안고 가는 삶의 깊은 상처이다. 그러다 보니 외기러기 같은 짙은 외로움의 그림자를 언제나 달고 다녔다. 성격도 비슷해서 서로가 쉽게 통했다.

마른버짐이 부스스 피는 얼굴이었으나 서로 바라보며 웃을 수 있었고 또한 서로 이해하고 함께하는 날들이 있어 좋았다. 그 동류의식의 매듭 때문이었다. 하지만 정해진 삼 년이 지나 우리는 서로 다른 학교로 진학하면서 헤어지게 되었다. 한창 사춘기의 감성이 꽃이 피기 시작한 날의 헤어짐은 마치 이산가족의 아픔을 맛보게 해 주었다.

하지만 얼마 지나지 않아 놀라운 사건이 일어났다. 초여름이 되기 전 어느 날, 뜻밖에도 그가 담임선생님과 함께 교실에 나타난 것이었다. 전학을 왔다고 했다. 그의 이야기인즉, 아무리 생각해 보아도 학교는 나와 함께 지내야 공부가 될 것 같더라는 이야기였다. 엉뚱한 변명이지만 내 가슴은 뿌듯했다.

그와의 학창 시절이 다시 이어졌다. 우리들의 우정은 활활 타오르는 장작불이 되지는 않았으나 은근히 재 속에서 살아있는 화로의 숯불이었다. 화롯불은 겉으로는 보이지 않는다. 속을 헤치면 붉은 숯이 항상 강한 열기를 내뿜고 있다. 특히 그의 성격이 더 그런 편이었다. 대신 '툭' 하면 감 떨어지는 소리로 알아채듯 언제나 서로의 생각은 금방 알아챌 수 있었으며, 이심전심의 우정은 점차 더욱 깊어졌다.

영화 '친구'에서 깡패 친구 준석(유오성 분)에게 동수(장동건 분)가 말한다. "마이무따 아이가. 이제 고마 해라." 투박한 경상도 사투리의 여운 속에 자신의 배에다 칼을 찔러대는 친구를 원망 대신 처연한 미소로 답하는 장면이 무척 와 닿았다. C의 묵직한 카리스마가 그 위에 겹쳐졌기 때문이었다.

다시 고등학생 시절을 벗어나면서 번데기의 탈바꿈처럼 우리는 크게 변해갔다. 그는 정치를 향한 젊은 날의 꿈을 털어놓기도 하면서 정열과 패기를 불살랐다. 5 · 16을 거치면서 마치 두 얼굴의 사나이의 헐크가 되어 거친 학생운동에 종횡무진 뛰어들었다.

하지만 현실의 차디찬 암벽에 부딪혀 추락할 수밖에 없었다. 학사장교의 퇴소와 시위 주동자의 법적 처벌까지 옥죄어 와 큰 좌절이 기다리고 있었다. 입대를 방패로 가까스로 제적을 면할 수 있었다. 어쩔 수 없는 우리 젊은 날의 시련이며 상처였다.

제대와 졸업 이후, 각자의 삶터를 찾아 우리는 멀리 떨어져 살게 되었다. 자주 볼 수 없었다. 동문 모임이나 집안의 길흉사에서나 겨우 만나는 정도이니 서로 항상 만남의 갈증을 느끼곤 했다. 몸은 떨어져 있어도 함께 마음속에 살아있는 친구. 그가 문득문득 보고 싶음이 간절했다. 삶에 기쁨을 느낄 때 그리고 삶에 지쳐 있을 때 더욱 그랬다.

내 결혼식의 사회를 볼 때 재기발랄하던 그의 모습이 잊히지 않고, 세월이 흘러 다시 내 아들의 결혼식 주례를 볼 때 학교 교장을 지낸 그의 풍상에서 묻어나는 여유와 너그러움의 관록이 돋보였다. 그는 주례사를 통해 우리의 인연에 대해 이야기를 했다.

"삶에는 부모형제보다 더 오래, 함께하는 친구의 인연이 있습니다. 친구란 두 개의 신체에 깃든 하나의 영혼입니다. 우정은 계산하거나 따지지 않는 큰 자산이요 버팀목입니다. 삶에는 음식의 양념처럼 진정한 친구를 가져야 합니다. ……" 그의 의미 있는 술회였다.

교장 퇴임 후, 한 번씩 부부가 함께 내려온다. 사십 년 전, 같이 당구를 치다가 신문에 난 그의 대학입시 합격자 발표를 보면서 얼싸안던 그 옛날이 자주 떠오른다. 그 환희의 순간은 어느새 먼 추억이 되었고, 이제 지난 세월의 흔적으로 변한 희끗희끗한 머리카락이 어쩐지 낯설다.

내 별호 '친구'는 아무래도 잘못 쓰고 있는 것 같다. 아무나 친구가 될 수는 없는 것이 아닌가. 하지만 이제 제법 이름처럼 익숙해진 것이니 쉽게 바꾸지도 못하고 어물쩍거리고 있다.

영호남의 창

집 전체가 흔들리듯 한다. 소음과 진동이 만만치 않아 마치 천장에 탱크 지나가는 소리를 방불케 한다. 아파트 층간 소음의 실체를 알려 주기라도 하듯 아침에 벌어진 상황으로는 정도가 너무 심해 도저히 참을 수가 없었다.

이른 아침, 승강기 앞에서 만난 낯선 아주머니가 공손히 인사하면서 하던 말이 그제야 생각났다. "아래층 아저씨죠? 저는 위층에 사는데 오늘부터 저희가 집수리를 하게 되었으니 양해 좀 해 주세요." 웃으며 하는 소리였다.

애써 참았다. 하지만 콘크리트 부수는 소리는 더 이상 견딜 수 없었다. 위층으로 올라갔다. 전체 실내장식 개조 공사인 듯, 세간이 이지럽게 널려 있었고 욕실에서 드릴을 사용하고 있었다. "소음이 너무 심하니 가장家長이 출근한 뒤에 작업 하면 좋겠습니다."라고 했더니 다행히 일을 중지시켜 주었다.

얼마 전의 일이다. 초저녁에 한 낯선 젊은 남자가 문을 두드렸다. 아내가 사용 중인 러닝머신을 쓰지 말아 달라고 했다. 누구냐고 물으니 아래층에 새로 이사 온 사람이라는 것이다. 처음 있는 일이라 매우 불쾌했다. 하지만 어쩔 수 없이 운동기구 사용을 중지했다. 그때까지 아무 말 없이 참아 준, 이사 간 K서장 댁에 새삼 고마운 생각이 들었다.

이 모두가 껄끄러운 소통의 아슬아슬한 순간들이었다. 아파트라는 밀집된 주거 여건에서 벌어지는 새로운 문제들이 아닌가.

지난날, 비록 풍요하지는 못했으나 개인 주택에서 살 때는 이러한 일은 없었다. 이웃에 집을 지으면 하나라도 도와주려 했다. 소음 때문에 다투는 일은 없었다.

시대의 변화에 따라 생활양식도 변하고 삶의 질도 달라졌다. 오늘날, 서구문명의 편이성과 물질의 풍요가 얻게 된 것이라면, 정신문화가 더 피폐해진 것은 어쩔 수 없는 손실인지도 모른다. 서구화된 사고방식은 개인주의며 이기주의가 더욱 팽배해지니 이 또한 숨길 수 없는 사실 같다. 그로 인해 서로간의 소통 문제가 더욱 어려워지고 있는지도 모른다. 아파트 생활에서는 현관문만 닫으면 옆집과 완전히 차단되니 옆집 사람도 잘 모른다. 그 때문에 위, 아랫집을 모르는 것은 오히려 당연할 수가 있다. 서로 통할 리가 없다.

예전에는 반상회라도 있었으나 요즈음은 그마저도 뜸하니 도시의 소통은 더욱 요원해질 수밖에 없는 것 같기도 하다. 이처럼 우리 사회에 고질적 불통의 장場이 있는 곳이 또 있다. 남북 간의 문제 못지않게 이른바 영호남의 지역 갈등에 의한 반목과 불통이다. 꽤 오래된 감정 대립으로 오히려 정치적으로 이 갈등을 이용, 조장하는 것은 아닐까 싶은 안타까운 현실이기도 하다.

대구 출신인 나는 젊은 시절에 광주 상무대에서 군 생활을 했다. 무려 근 반백 년 전의 일이긴 하지만, 당시만 해도 영호남의 갈등이 그렇게 심하지는 않았다. 지금껏 군 생활의 멋진 친구며 후배들이 대부분 당시의 호남지방 사람들로서, 아주 멋진 추억들을 여태 잘 간직하고 있는 터수이다.

흔히 우리 국토가 미국의 한 주보다도 작다고 하지 않는가. 이 좁은 땅덩어리 안에서 오손도손 서로 이해하고 도와서 기술개발을 하고 경제를 함께 살려야 겨우 살까말까 함에도 그렇지 못한 것이 현실이 아닌가 싶다. 이른바, 재계의 어느 총수 한 분이 말한 '이 나라의 4류 정치' 가 이런 풍토를 더욱 부추기고 어렵게 만드는 것인지도 모른다.

생각지도 않은 일이 일어났다. 내게 영호남의 획기적인 소통의 가교가 마련되었다. 다름 아닌 호남 사돈을 맺게 된 사실이다. 말하자면 사위가 호남 출신이다. 더 정확하게 말하면 사돈의 고향이 전남 무안이라고 했다.

처음에 사위가 결혼 승낙을 받으러 왔을 때, 딸의 입장을 생각하니 혹시나 하는 의구심이 들지 않을 수 없었다. 하지만 수차례에 걸쳐 결혼 당사자들이 문제가 없다니 결국, 흔쾌히 승낙하고 말았다. 둘이서 원만하게 잘 사는 것은 물론이지만, 사돈의 구수한 사투리와 인정은 덤으로 얻은 큰 수확이었다.

서로 소통하고 이해하면서 얻은 그 정의란, 대대로 물려 내려오는 묵은 장맛에 못하지 않다. 정치적 배려를 제거하고 서로 힘쓰고 노력하면 안 될 일이 뭐 있겠는가. 호남의 멋진 가락 속에 영남의 시문 풍월이 함께 어우러질 때 또 하나의 멋진 문화가 탄생할 것이다.

무안의 사돈이 보고 싶다. 사돈과 함께 자리하면서 어울리던 홍어에 탁주 생각이 난다. 구수한 사투리가 듣고 싶으니 문안 전화라도 한번 해야겠다.

일탈

휴식보다 더 달콤한 것은 없으리라. 밀레의 '만종'에서 밭일을 마치고 노을을 배경으로 부부가 두 손 모으고 기도하는 모습은 충격처럼 가슴 깊숙이 다가온다. 힘든 하루 일을 마친 감사와 휴식을 갖게 된 고마움의 표현 때문이 아닌가 싶다.

누구나 일상에서의 일탈을 원한다. 쌓인 심신의 피로를 풀기 위해 우리는 모처럼 해외나들이를 갖기로 했다. 오랫동안 가진 동호회 단체여행의 정기행사이기도 하다. 하는 일은 모두 다르다. 식당 주인에다 개인택시 운전사, 건설업 대표에 통신회사 사장까지 각양각색이다. 이들 10여 명을 한데 묶어준 이음쇠는 젊은 시절, 함께 시작한 수영水泳이다. 수십 년이 된 모임이지만 친숙함이 짙어져 격년으로 해외여행을 갖게 된 것이다.

여행을 택한 이유는 간단했다. 복잡한 매일의 뉴스를 듣지도 보지도 않고 대신 미지의 새로운 환경에 가끔 한번 빠져서 쉬고 싶다는 마음이었다. 바쁜 오늘을 살기 위해 항상 스트레스에 노출되어 있으며, 체질화한 경쟁사회를 이겨내기 위한 긴장의 연속은 정신적 여유마저 앗아갔다. 이 모든 힘든 날들을 여행을 통해 털어 낼 수 있으니 더없이 큰 보람이었다.

한창 새봄이 익어 갈 무렵, 간단한 배낭 하나를 메고 나섰다. 행선지는 가까운 마카오, 홍콩 그리고 중국의 심천이었다. 목적지가 거창하지도 않고 꽤나 오래 전, 한 번씩 가본 곳이긴 하나 행선지가 특별히 문제 될 수도 없었다. 원래는 부부 동반이었으나 내 개인적으로는 체력에 자신이 없는 아내와 함께하지 못하는 아쉬움과 약간의 미안함이 있었을 뿐이다.

국내와 달리 해외는 우선 작은 흥분으로부터 시작한다. 미지의 새로운 볼거리와 낯선 사람들을 만나는 설렘이 있기 때문이다. 지구촌 곳곳에는 너무나 많은 인종들이 함께 더불어 살고 있으며, 각기 다른 언어와 문화를 갖고 있다. 그들과의 접촉만으로도 경이롭고 새로운 호기심으로 크나큰 정신적 휴식과 즐거움이 있다.

홍콩 직항이 아닌 마카오 경유이다. 또 거기다 저가低價 항공사로 지난번에도 큰 불편을 경험했지만, 경비 절약의 공감대는 낮은 질의 서비스에도 큰 불평 없이 이를 받아들인다. 오히려 보다 풋풋한 젊은이들과 함께 어울릴 수 있는 기대로 편하고 즐겁기도 하다.

밤 9시 반. 드디어 탑승을 마치고 이륙이다. 승객들의 표정들을 보면 구별이 확연하다. 업무를 위한 출장 승객들은 그저 조용하고 약간은 피곤한 표정이나, 관광객들은 다들 흥분된 모습으로 이야기들을 나누는 밝은 인상이다. 일상에서 벗어나 미지의 세계로의 기대와 일탈에 대한 해방감 때문이리라. 창 아래 펼쳐지는 은하수와 같은 도시의 불빛을 내려다보니 가슴이 확 트인다.

사람은 육체, 정신, 감정, 영혼이라는 네 개의 방을 갖고 있다고 했던가. 대부분 한 개의 방에만 머물고 있으나 네 개의 방에 골고루 드나들어야 된다고 한다. 육체는 있으나 정신과 감정 그리고 영혼의 관리는 그리 쉽지 않다. 그만큼 오늘의 현실은 그러한 모든 것들을 돌아볼 여유를 갖지 못했으니 단 며칠만이라도 이러한 것들에 흠뻑 빠져보고 싶은 것이다.

이륙한 지 거우 3시간, 비행기는 벌써 완전히 낯선 곳으로 데려다주고 있었다. 늦은 밤, 위도가 약간은 남쪽이라 후덥지근한 날씨로 바뀐 밖은 찬란한 불빛이 맞아주고 있었으니 이른바 도박으로 유명한 마카오 공항이었다.

"한방! 멋지게 당겨야지!"

호텔로 들어서며 눈길을 끄는 카지노 안내판 앞에서 멋진 흉내와 함께 내뱉는 K의 호기에 찬 한마디였다. 순간 모두 긴장을 풀고 와르르 웃었다. 같은 느낌이었을까. 누구나 인생의 멋진 행운을 기대하기도 한다. 사람 좋은 K. 그는 한때 건설업으로 잘나갔으나 뜻하지 않은 부도로 지금은 고전을 하고 있다. 지금 그에게 무엇보다 절실한 것이 그 '한방' 인지도 모른다.

하지만 카지노가 그렇게 만만한 곳인가. 인간의 그러한 약점을 이용해 현혹을 하고, 때로는 패가망신까지 시키는 곳일 뿐이다. 마카오 개인 소득 6만 불, 그것은 어쩌면 부나비처럼 달려드는 꾼들로부터 얻은 것이리라. 마지막 날, 그 카지노에서 각자의 행운을 체험하기로 했으니 기대와 염려가 교차되기도 한다. 호텔방에서 내려다보이는 여러 카지노의 불빛은 역시 불야성이었다.

이튿날, 일찍 첫 목적지인 홍콩으로 배를 타고 들어갔다. 인구밀도가 특히 높다니 그를 증명이라도 하듯 모처럼 갠 날씨에 매우 붐볐다. 영국의 오랜 통치 후, 중국으로 반환 약속이 되어 있으나, 홍콩인들의 자존심은 아직 대단하여 광동어라는 홍콩의 고유 언어를 쓰며 차별화를 고집한다고 했다.

밀랍 인형과 옹핑 케이블카, 디즈니랜드 등등의 많은 관광 시설들이 있었다. 영국이 백 수십 년을 지배한 문화라고 보기엔 말초적 즐길 것에만 치우쳤고 빈약했다. 유명한 야시장이며 거리 풍경 역시 복잡하고 시끄러울 뿐 문화와 정신적 휴식의 여유는 없어 보였다. 하지만 낮의 유동인구가 상주인구의 두 배培가 된다니 번잡한 바쁜 국제도시임은 의심의 여지가 없었다.

아름다운 단풍이 있는 4계절이 뚜렷한 우리의 맑은 하늘이 생각났다. 철따라 조용한 자연은 은근한 미소로 다가와 언제나 심신의 피로를 풀어주지 않는가. 새삼 훌륭한 자연을 맘껏 누리고 있는 고마움에 대해 지금까지 느끼지 못한 사실을 일깨워 준다. 덥지 않아도 항상 습한 기후에 지쳐, 에어컨 밑에서만 살아야 하는 그들이 측은한 생각까지 들었다.

하루를 보내고 해저터널을 지나 구룡반도로 넘어왔다. 다시 전철을 타고 심천으로 향했다. 언제나 중국은 그 광활한 대지의 무한한 가능성에 압도되지만, 심천 역시 등소평이 영국령의 홍콩을 견제하기 위한 계획도시로 만들었다니 한 지도자의 야심이 고스란히 남아있는 곳이었다.

선입견인가. 중국은 항상 보이지 않는 통제성에 어두운 그늘이 느껴진다. 하지만 그 규모에는 놀라지 않을 수 없다. 또한 무섭게 변하고 있는 곳이기도 하다. 미국이 이른바, 빅 칸트리라고 하지만 중국은 아직은 거칠지만 그에 버금가는 곳으로 와 닿는다. 우리가 더욱 빨리 달아나지 않으면 안 될 것임을 다시 깨닫게 된다. 덮쳐오는 그들이 큰 두려움이 아닐 수 없다.

두어 곳의 볼거리와 역시 큰 규모의 민속춤 공연을 관람하게 되었다. 후일의 무한한 가능성에 은근히 큰 부러움만 안고 이튿날 다시 마카오로 돌아왔다. 그곳에는 일탈의 마지막 일정이 기다리고 있었다. 며칠을 보내면서 육체는 약간 지쳐 있지만 정신은 그래도 충분한 휴식을 한 셈이다.

김치에 대한 그리움이 점차 짙어지면서 벌써 귀국 배낭을 챙겼다. 마지막 일정인 마카오 카지노에서의 일전一戰에 남은 혼신을 다하기로 했다. 단 10분여의 설명으로 쉬운 게임은 이해할 수 있었다. 엄청나게 넓은 카지노는 웬만한 사람은 길을 잃게 마련이라 두렵기도 했다. 하지만 환기 시설이 아주 잘 되어 그 많은 사람들이 북적대어도 공기가 전연 탁하지가 않았다.

자리를 잡고 앉아 드디어 슬러트 머신을 잡아당긴다. 그림이 맞아, 딸랑딸랑 동전 굴러 떨어지는 소리가 경쾌하다. 그 소리에 모든 것을 잊게 되는 것인가. 게임기와의 승부는 질겼다. 마치 인생의 고비처럼 여러 번 오르락내리락 한다. 몇 시간의 끈질긴 승부 끝에 그 '한방' 은 없었지만 이길 수는 있었다. 행운이었다. 비행기 탑승 시간 때문에 마쳐야 했다. 오히려 다행이었다. 삶도 가끔 이렇게 멈출 줄도 알아야 한다는 가르침으로 생각했다.

모든 여정을 끝냈다. 약간의 피곤함을 안고 밤 비행기에 다시

올랐다. '뛰어 봐야 부처님 손바닥' 이라고 했던가. 겨우 중국의 한 변방을 스친 것뿐이었다. 코끼리 다리만 만지고 왔을지도 모른다. 그러나 그 또한 무엇이 문제인가.

점차 새벽이 다가오면서 아름다운 조국의 산하가 내려다보였다. 며칠간이었지만 반가웠다. 이제 또다시 뉴스를 접하며 시끄러운 일상으로 돌아갈 것이다. 하지만 일탈에서 얻은 며칠간의 소중한 휴식은 너무나도 값진 시간들이었다.

인연

인간의 삶은 인연으로 이루어진다. 쇠털같이 많은 날 같지만 지나고 보면 삶이란 짧은 여정에 불과하다. 삶의 테두리 안에서 일어나는 인간관계는 모두 필연의 산물이다. 종횡으로 얽힌 나름의 질서를 유지하는 데는 특별한 인간관계, 즉 인연을 갖게 된다. 그 인연으로 운명을 결정짓거나 삶의 중요한 전기를 맞기도 한다.

5 · 16 군사 정변 후 경제개발 5개년 계획이 한창이던 때였다. 군정의 위력이 시퍼렇긴 해도 삶의 터전에는 힘찬 새바람이 불었다. 공단에는 공장들이 우후죽순처럼 생겨났다. 장치산업의 핵심인 비료며 정유, 석유화학 공장으로 공업입국의 기치를 세우면서 사회 활력은 나날이 커져갔다. 국가나 사회에서 그만큼 처우를 잘 해주니 종사자들 역시 열의와 자부심이 넘쳐났다. 스카우트 경쟁도 치열하여 공업계 고등학교 출신은 무조건 데려갔다. 이른바, 블루 컬러의 작업복이 특별 우대를 받던 시절이었다.

K를 만난 것이 그때였다. 그즈음, 나는 30대 초반의 젊은 나이로 창립 초기 회사의 기술부서 과장직을 맡고 있었다. 생산직에서 일하던 그가 부하 직원으로 전보되어 왔다. 그는 고교 졸업 후 국내 화학공장의 효시였던 충주, 나주비료공장을 거쳐 뽑혀 온 사람이었다. 무려 10년의 연상이었으나 그 역시 당시는 현장에서의 경력과 실력이 인정된 사람이었다.

그와의 인연은 약간 특별했다. 스카우트 열풍 속에 동료들과 함께 생산부서에 입사했으나 4급의 동료들에 비해 한 단계가 낮은 5급 직을 받았다. 사유는 알 수 없었으나 그것은 매우 자존심 상하는 일이었다. 점차 회사에 대한 불만지수가 높아졌다. 회사생활이 순탄치 못했고, 결국 그 부서에서 버티지 못하고 밀려서 내 부서로 옮겨온, 약간의 문제점을 안고 있은 셈이었다.

사람이 자신의 가치를 제대로 인정받지 못한다는 것은 비극의 단초가 될 수 있다. 누구나 활동의 정당한 대가를 받아야 한다는 것이 사회통념이다. 제대로 평가를 받지 못하여 동기들보다 경쟁에서 누락될 경우, 실의와 함께 심한 스트레스를 받을 수 있다. 오리 떼 속의 백조로 외톨이의 서러운 신세가 될 수도 있으리라.

보직 변경은 그에게 또 다른 시련의 시작이었다. 생산부서에서 닦은 그의 경력은 뒤로 제쳐지고 모든 업무를 새로 익혀야 할 형편이었다. 불행은 연이어 왔다. 결국, 연말 정기 승급 심사 시, 부서이동으로 인해 업무 기여도에서 좋은 평점을 얻지 못했고 이는 곧 승급 누락으로 이어졌다. 직장의 평가는 냉혹했다. 이는 곧바로 급료로 나타나니 직장인으로서 자존심이 많이 훼손되는 순간이었다.

드디어 그는 폭발했다. 오랜 직장 경력의 그는 그러한 연이은 심한 차별대우를 감내할 수 없어 사직원을 제출하고 말았다. 상사로서는 불만의 표시인 그의 사표를 수리할 수 없었다. 고민했다. 직장이란 삶을 영위하는 수단이기도 하지만 사명감과 자긍심에 더 큰 비중으로 나타나기도 했다.

사십 중반은 안정된 생활터전에서 활력을 가지고 한창 활동해야 할 나이였다. K의 사직서는 오직 회사 처우에 대한 반감의 표시이므로 쉽게 받아들일 수 없었다. 회사 출근을 거부하는 그의 집과 회사를 오가며 그의 사직을 취소시키는 데 전념했다. 인사

부서에 그의 경력을 내세워 승급조치를 재심 요청하여 겨우 보완 조정을 받을 수 있었다. 큰 다행이었다.

이를 계기로 어깨를 두드려주면서 호기로운 한마디를 해 줄 수 있었다.

"K씨! 회사를 그만둘 용기로 못 할 일이 뭐가 있겠습니까? 이 사회는 주는 것만큼 받는다고도 합니다. 함께 잘해 봅시다."

어쩔 수 없는 자존심 때문에 퇴직을 각오했던 그에게 승급보완은 뜻밖의 결과였다. 자존심을 다소 회복하고 머리를 짓누르는 실직 고민에서의 탈피이니 죽음에서의 생환과 다르지 않았다. 나이 젊은 상사로부터 핀잔 아닌 핀잔까지 들어 부끄럽기도 했으나 그는 젊은 상사의 구명 활동에 감동하고 매우 감사히 생각했다. 그의 자의반 타의반의 사표는 자연스럽게 거두어졌다.

그는 그 때부터 완전히 새사람이 되었다. 퇴근 시간도 마다하고 업무 파악에서부터 꽤 어려운 일도 독자의 노력으로 해결해 내기 시작했다. 매사에 적극적이며 최선을 다했다. 특히 나이 적은 상사에게 깍듯한 예의와 헌신적인 충성을 다하였다. 매우 놀라운 변화였을 뿐 아니라 나로서는 큰 다행이었다.

칭찬은 고래도 춤추게 한다고 했던가. 모두 그의 새로운 근무태도를 좋게 평가했다. 그는 자긍심을 가지게 되었다. 보직 변경을 전화위복의 소중한 기회로 삼기 시작했다. 언젠가 부서의 회식자리에서 그는 불그레해진 눈빛으로 진솔한 심경을 한 번 토로하기도 했다.

"과장님은 제가 아주 힘들 때, 삶의 용기를 심어준 큰 은인입니다. 존경합니다. 평생 이 은혜 잊지 않고 보답하도록 노력하겠습니다."

사실 그랬다. 사람의 능력은 때에 따라 놀라운 성과를 이룰 수 있다고 믿는다. 당시 그는 자기 능력의 120%를 충분히 보여 준 셈이었다.

그 후 10여 년을 더 함께 근무했다. 그는 변함없이 직장의 훌륭한 반려자 역할을 톡톡히 해 주었다. 충실한 부하 직원을 두는 것은 큰 행운이 아닐 수 없다. 그를 다시 한 번 진급시킨 후, 나 자신의 사정으로 다른 직업 경로를 선택하면서 퇴사하였다. 그와의 직장 인연은 끝이 났다.

하지만 그의 인간적인 충성심은 변함이 없었다. 이러한 인간관계였던 우리를 아는 주변 사람들은 매우 부러워하였고 항상 화제가 되곤 했다. 그 후 그도 정년퇴직을 하였으나 끈질긴 집념으로 대학에 진학하여 공부를 계속했다. 그는 도전정신과 능력을 발휘하였으며 더 한층 실력 있는 기술자로 인정받아 여러 곳으로 초빙되어 갔다.

정년을 넘긴 그가 오랫동안 전공분야의 전문가가 되어 활동하고 있다는 소식을 가끔 들었다. 그러다가 소식이 끊겼다. 궁금하게 생각해 오던 중, 칠십 대 초반의 한창 삶을 누릴 수 있는 나이에 갑자기 그의 부음을 접하게 되었다. 뜻하지 않게 지병인 고혈압으로 쓰러졌고, 투병을 한 관계로 소식을 들을 수 없었던 것이었다.

장례예식장에서 성인이 된 그의 아들을 만났다. 이야기인즉, "항상 아버지께서는 '박기후인薄己厚人' 자기를 낮추고 남을 크게 배려하는 사람의 도리와 '견리사의見利思義' 눈앞에 이익을 보거든 먼저 그것을 취함이 의리에 합당한지를 생각하라는 퇴계 선생의 가르침을 강조하셨지요. 꼭 선생님을 한번 찾아뵙고 대신 인사드리라고 하셨습니다."

그 아버지에 그 아들이었다. 성실한 직장인으로서 그의 자세에는 그 같은 철학이 있었던 것이다.

세상은 지금 물질적인 풍요를 누리고 있으나 인성교육이 부족하여 사회 갈등과 혼란이 가중되고 행복지수는 부진한 현실이다. 그의 끊임없는 자기 성찰의 자세가 새삼 생각난다.

그는 의리와 본분을 소중히 하는 교훈을 실천한, 평범하지만 비범한 사람이었다.

4

일장 일막

서설이 내리던 날

모처럼의 해외여행에 나섰다. 영하 10℃를 넘나드는 추위를 탈출하여 따뜻한 아래쪽 나라인 싱가포르로 가려고 아내와 계획한 터수다. 직장 따라 그곳에 정착한 아들 가족, 벌써 햇수로 만 9년이 되었다. 서울역을 거쳐 인천국제공항으로 가는 KTX를 오르는 것만으로도 모처럼의 여행 분위기가 설렘으로 한껏 살아났다.

대전을 지나 위로 가면서 흰 눈이 듬성듬성 내리기 시작한다. 첫눈이다. 서설은 상서로운 징조가 아닌가. "웬 눈이야?" 하면서도 기분은 푸근함에 젖어든다. 갑자기 젊은 청소년 시절로 돌아간 듯하다. 옛 추억을 떠올려 주는 서설은 마냥 환상의 나래를 펼치게 해 준다.

풋풋한 지난날, 거실 밖에 펑펑 쏟아지는 서설을 보면서 마음은 푸근해지던 날이 있었다. 큰아이의 대학 합격 소식이었던가. 왠지 하늘이 내려주는 축복 같았다. 첫눈과 여행, 차창 밖에 뿌려지는 눈발을 보면서 그날처럼 부푼 가슴에 좋은 기대감을 불러일으켰다.

인천공항은 세계적 규모라고 한다. 전철에서 내려 에스컬레이터를 오른다. 외등 불빛에 비치는 탐스러운 함박눈의 모습이 한껏 여유로운 감상을 불러일으키기에 충분하다. 출발 층으로 이동하니 만국기 같은 형형색색의 옷차림을 한 많은 인파에 부딪혔다. 나와는 다르게 간편한 복장들에 짐도 가볍다. 밝은 희망의 깃발을 흔들며 떠나기도 하고, 때로는 아픈 이별의 장소로 제공되기도 하니 그 많은 사연들을 포용하기 위해 이렇게 크고 넓게 지어졌나 보다.

항공사를 찾아 무거운 짐을 부치면서 아내는 벌써 지쳤다. 절차를 밟는 데 거의 두 시간, 탑승 대기실에서 겨우 가쁜 숨을 돌릴 수 있었다. 이륙까지 기다리는 시간은 언제나 지루하고 피곤함을 가중시킨다. 지친 분위기를 깨고 문득 안내방송 특유의 멘트가 간격을 두고 두 번 흘러나왔다.

"안내 방송입니다. 죄송합니다! 싱가포르행 비행기는 관제탑과의 연결 관계로 탑승시간이 삼십 분 가량 지연되겠습니다."

새삼 긴장했다. 가끔 있는 일이긴 하다. 30분 쯤의 연발이라면 넓고 복잡한 공항에서는 그럴 수도 있지 않겠는가. 이렇게 생각하면서도 약간 불안한 기분은 어쩔 수 없다. 그것은 상습화된 습관으로 타성이 되어 있는지도 모른다. 비행기 여행은 이륙에서부터 착륙까지 늘 긴장이 된다.

드디어 탑승이다. 입구의 신문 한 장을 건성으로 손에 들고 들어간다. 꼭 신문을 봐야 한다기보다는 습관적 소일거리다. 얼핏 본 신문 1면, 시끄러운 정치 소식은 여전하다. 그러면서도 관심이 가지 않을 수 없음은 어쩔 수 없이 한국인이라는 현주소 때문이다. 며칠간이지만 정치 뉴스에서 해방될 수 있음이 여행의 큰 덤 같다.

기내 자리를 찾아 앉으니 많은 눈으로 덮인 비행기 날개가 보인다. 큰 동체가 믿음직스럽지만 그 위로 아직 계속 눈이 내리고 있다. 한참을 기다린다. 하지만 시간이 지나갈수록 하늘로 날아오르리라는 들뜬 느낌이 점차 식어간다. 문득 기장의 서툰 영어 발음의 기내 방송에 이어 한국말 번역이 따라 나온다.

"방금 저희 여객기 기장이 말씀드렸습니다. 비행기 날개의 눈을 치우느라 약 10분간 연발이 되겠습니다. 죄송합니다."

모두 무덤덤하게 받아들이는 듯하다. 일각이 여삼추지만 모두들 안전을 위한 10분의 지연쯤이야 하는 눈치들이다.

대기시간이 충분히 흘렀다. 이륙의 묵직한 엔진 소리는 들리지 않는다. 기장이 사투리 같은 서툰 영어로, 활주로 사정이 여의치 못해서 들어가지 못하고 있다고 전한다. 제설차의 모습이 비치며 의구심이 증폭되기 시작한다. 이륙이 취소될 것은 아닌가.

슬며시 약간의 불안감이 번지기 시작했다. 문득 국내를 떠들썩하게 하고 외국에까지 번진 '인내심 부족의 땅콩 회항' 사건, 엔진 속 조류 충돌로 인한 회항, 승객 난동으로 인한 중간 기착, 폭설에 의한 무더기 결항 등이 떠올랐다. 인내심을 강요하는 기장의 거듭되는 방송도 이젠 지쳤는지 사라지고 그들은 벌써 두 시간의 출발 약속 시간을 꿀 먹은 듯, 해치우고 있었다.

십 수 센티의 눈만 내려도 모든 것이 마비된다. 도시에서는 교통대란이 일어난다. 농촌에서는 비닐하우스가 맥없이 무너지는가 하면 산촌에서는 혹한 속에 가옥이 고립되는 불상사나 인명피해까지 발생한다. 대자연의 위력 앞에 인간은 한없이 나약해질 뿐이다. 때로는 식품 사재기에 며칠씩 오도 가도 못하고 공항에서 밤을 새우기도 하는 경우도 있다. 혹시나 우리 앞에 닥치는 불운이 아니길 바랐다.

우리 삶에는 특유의 돌발사고가 있다. 그 조급증이 고개를 든다. 한 젊은이가 참지 못하고 폭발했다. 그는 스스로 공황장애 환자라며 내려야겠다고 큰소리를 친다. 많은 사람들이 놀라며 신경을 쓰기 시작했다. 기다림의 스트레스로 발작한 것 같다. 그 젊은이가 걱정되었지만 불안한 심경을 안은 채 꾹꾹 참고 기다릴 뿐이었다. 기내 종사원들이 환자를 자처하며 날뛰는 그를 앞으로 데리고 갔다. 다시금 기내가 조용해지고 얼마간 숨 가쁘고 지루한 기다림이 지나갔다.

언제나 뜻하지 않은 일은 살면서 다반사로 일어난다. 숨죽이며 흘러가는 시간 속에 지난날이 떠오른다. 그 가운데서도 위기의 순간도 발생하고 생각지도 못한 돌변사항도 일어나지만 그래도 그 모든 것들은 시간이 해결해 주었다. 그것은 또 지나가리라. 이런 생각을 하고 있는데 이번에는 기장의 멘트도 없이 갑자기 스튜어디스의 밝은 한국어 방송이 흘러나왔다.

"승객 여러분! 오랫동안 기다리셨습니다. 이제 곧 우리 비행기는 이륙하겠습니다. 출발이 늦어 죄송합니다. 등받이를 바로하시고 안전띠를……."

기적의 이륙 같았다. 반가웠다. 서서히 비행기가 활주로로 들어선다. 개선장군처럼 무게가 있다. 엔진 속도를 올리면서 달리다가 지상을 박차고 떠올랐다. 힘찬 날갯짓을 하는 독수리의 모습이 연상되는 경쾌한 비상이었다.

겨울의 위력은 순식간에 세상을 꽁꽁 얼어붙게 한다. 자연은 모든 것을 폭넓은 아량으로 받아주지만 때로는 새삼 이렇게 그의 위용으로 사나워지기도 한다. 단지 폭설이었지만 출발할 수 있었던 것은 그것이 서설이기 때문이라고 자위하며 긴장된 가슴을 쓸어내린다.

서서히 비행기가 고도를 잡아 가면서 활짝 웃는 손자들의 얼굴이 확대되어 다가온다.

춘래불사춘

토요일, 아침이 느긋하다. 주 5일제 덕분으로 토, 일요일의 연휴가 주는 마음의 여유 때문인가. 겨우내 움츠리고 있던 베란다의 화분에 꽃삽으로 퇴비와 새 흙을 더 채우면서 느긋하게 봄맞이 준비를 하고 있는데 거실의 전화벨이 요란하다. 춘천의 둘째 사위였다. 약간 더듬지만 언제나 말에 정감이 가는 음성이다.

"아, 저…… 아버님, 그동안 안녕하셨어요? 그저께 새집으로 이사했습니다. 민지도 탈 없이 잘 크고 보내주신 새 차車, 정말 좋습니다. 감사합니다."

기쁨이 묻어나는 밝은 음성이다. 딸이 또 전화를 바꾸어서 말한다.

"아빠, 이 차, 너무 멋져요. 고맙습니다. 이 봄에 한번 다녀가세요."

이들은 대학원 학부를 함께 졸업하면서 결혼한, 이른바 학사부부였다. 결혼과 함께 바로 직장 따라 떠난 외국행 덕분에 우리는 뜻밖의 횡재를 했다. 빠른 아내의 주판으로 혼수 비용이 거의 들지 않은 때문이었다. 하지만 몇 년 지나 이들이 귀국하자 아내는 지난날, 채무 같은 것을 느꼈는지 혼수 비용만큼의 금전적 보상을 해 주어야 한다고 틈만 있으면 강조를 했다.

이러한 다그침에 아내를 이겨본 적이 없다. 마침 올해 봄, 첫아기의 출산과 새집 마련은 그들에겐 꽤 힘겨운 형편으로 짐작되었다. 딸네에게 혼수 부채 청산의 의미로 선물을 하나 마련했다. 사위의 직업상 산을 자주 다니는 형편이지만 덜덜거리는 낡은 SUV 대신 외손녀 민지의 출생기념이라는 명분으로 그네들에게 새 차를 하나 사주었다.

누구 없이 새 차는 큰 기쁨을 가져다준다. 이에 사위가 고맙다는 인사를 보내온 것인데, 활력이 넘치는 그들과의 통화를 옆에서 듣고 있던 아내가 뜬금없이 한 마디를 덧붙인다.

"저 애들은 좋겠네! 새집에, 새 차에, 새 사람 외손녀 민지까지 모두 신품뿐인데 우리는 이게 뭐요? 헌 집에 헌 가구에 낡은 사람하며 애완견 왕눈이까지 늙어 모두 고물뿐이니……."

뜻밖의 고물 타령에 흠칫 놀란다. 쓴웃음이 지어진다. 육십 중반을 넘기면서 아내의 건강상태는 매일 흐린 날이다. 당뇨병 때문이다. 어쩔 수 없는 정신적 부담으로 떠나지를 않는다. 나 역시 어딜 가도 이젠 어중간한 노년 서열에 내세워지니, '……백발이 제 먼저 알고 지름길로 오더라.' 라고 한 우탁의 시가 문득 떠오른다. 인생의 힘든 언덕을 넘으면서 더 높이 올라가려고 그리 아등바등한 덧없는 세월이 돌아 보인다. 저 애들처럼 젊은 힘이 넘치던 세월이 내게도 있었다. 아내도 아마 그 시절이 생각이 난 모양이다.

생로병사의 한 사이클은 모든 생물의 살아가는 순리이다. 진시황이 제아무리 불로초를 구해 오래 살고 싶었으나 부질없는 짓이었으며, 어느 재벌의 총수 역시 몸의 모든 혈액을 젊은 피로 갈아서 회춘하고 싶어 했으나 역시 그에게도 어떠한 삶의 기적은 일어나지 않았다.

신품을 오래 쓰면 당연히 고물이 된다. 낡고 못 쓰게 되면 더 나아가 폐품처리까지 되는 것은 만고불변의 진리 아닌가. 반면 고물이 없이 어떻게 신품이 존재할 수 있을 것이며, 자연의 법칙상 그들은 서로 공존하는 것이 당연한 현상이다. 그 신품 역시 언젠가 고물이 될 것을 예약해 두고 있는 것에 지나지 않는다.

지금의 사회는 많은 부분에서 젊은 힘으로 움직여지는 것 같다. 하지만 그 가운데에서도 멋있고 훌륭한 노령의 인품이 묻어나는 분들을 볼 수가 있다. 경험 철학과 깊고 폭넓은 사고력은 아무래도 젊은이들로서는 미치지 못하는 부분이 있는 것 또한 사실이다. 노인이 낡은 건전지처럼 쓸모가 없다고 생각하는지는 모른다.

그렇지만은 않다. 윤선도는 85세까지 시를 지었고, 황희 정승은 86세에 영의정을 은퇴했다. 영국의 비평가 조지버나드 쇼는 90세에도 작품을 발표했고, 미켈란젤로는 89세까지 성베드로대성당을 건축했으니 그들에게 늙은 나이란 장애가 될 수 없었으며 하나도 거추장스러운 게 아니었다.

노령이란 정신의 문제일 뿐이다. 흔히 나이는 숫자에 불과하다는 억지를 듣기도 한다.

그렇진 않다. 나이 들어 육체가 병들고 활력이 떨어지는 것은 당연한 이치이다. 몸은 늙는다. 하지만 정신은 낡지를 말아야 한다. 늙음이 곧 낡음이 되면 그것은 슬픈 일이 될 수 있다. 늙은 나이에도 얼마든지 젊은 마음이 있을 수 있다.

통영에서 서울까지 가는 활어차에 새끼 상어를 넣는다고 한다. 물고기들을 싱싱한 상태로 운송할 수 있는 수단이라고 하니 웃지 않을 수 없다. 긴장의 힘이 그들에게 활력을 유지하게 한다는 말인가 보다. 나이 들어가면서 깨닫는 세상의 이치는 찬란한 보석

보다 값진 것인지도 모른다.

산야에 눈이 시도록 쌓인 백설처럼 장엄하고 밤하늘에 높이 뜬 샛별처럼 은은하게 노년이 빛날 수 있다고 믿고 싶다. 지는 꽃도 얼마든지 아름다울 수 있다. 모두 마음먹기에 달려있고, 할 나름이 아니겠는가.

삶의 목적은 두 가지가 있다고 한다. 그 첫째는 원하는 바를 얻는 것이고 다음은 그것을 즐기는 것이라고 하며 현명한 자만이 이들 모두를 성취한다고 한다. 늙는다는 것이 기쁨일 수도 있다. 늙지도 못하고 떨어지는 생명이 주변에 얼마나 많은가. 늙음은 흔히 단풍에 비유한다. 비록 마음대로 잘 되지 않을지도 모른다. 하지만 곱디고운 단풍으로 물들고 싶다.

'새봄에 한번 다녀가라.' 는 작은 딸네의 말이 여운으로 귓가에 남아있다. 춘래불사춘春來不似春, 봄은 왔으되 노경의 몸은 봄 같지 않은지도 모른다. 그런들 어떠랴. 아내의 마음은 은근히 그 날의 봄 여행을 손꼽는 듯 말한다. 화사한 '봄의 소리 왈츠' 하모니가 산뜻하다.

자화상

가끔, 삶을 뒤돌아볼 때가 있다. 철학자가 아니라도 자신을 반추하는 것은 어쩌면 인간의 본능인지도 모른다. 늦가을 오후, 붉게 물든 나뭇잎들이 땅 위를 구른다. 하나, 둘씩 떨어져 나가는 낙엽을 세듯 지난 한 해의 메시지들을 머릿속에서 정리해 보면서, 함께 삶의 롤러코스터를 탄 아내와의 불편한 소통의 숙제를 끄집어내어 본다.

동기 동창들과의 해외나들이 길이었다. 오십 년 전으로 돌아간 열 명의 가슴은 가을 하늘처럼 너무나 화창했다. 간편한 여행 복장이었으나 특히 M군의 모습은 유난히 머리부터 발끝까지 고급스러운 성장盛裝이었다. 아내가 일습을 마련해 주었다는 것이 아닌가. 그 위에 두둑하게 거금 용돈 백만 원까지 '잘 다녀오시라'는 메시지와 함께 봉투에 넣어 주었다는 이야기였다.

"마누라가 남편의 옷걸이가 괜찮은 건 알아가지고 말이야!"

그는 팔을 들고 빙그레 한 바퀴 돌며 패션쇼를 해 보였다. 모두 웃으며 애써 부러워하는 시늉들이다. 그들 부부는 금실이 좋기로 정평이 나 있기도 하다.

M군은 친구들을 좋아하고 술도 자주 잘 산다. 그 때문에 그의 주위에는 항상 사람들이 들끓는다. 그 뿐만 아니라 그는 사업수완도 좋아 잘나가기도 하는데, 웬만한 아내라면 술 좋아하고 퍼주기만 하는 남편을 싫어하겠지만, 그의 아내는 그런 내색이 전연 없다. 부창부수라는 말이 이들처럼 잘 어울리는 경우도 그리 흔치 않을 것 같다.

그와는 대조적이라고나 할까. 내겐 말 못할 불만이 하나 있으니, 아내와의 소통 관계다. 누구처럼 부창부수까지는 기대하지 않지만, 아내로부터 옷 한 벌 제대로 얻어 입어본 적 없고, 바깥 출입 시에 제대로 잘 다녀오라는 인사 한 번 받아본 기억이 별로 없다. 출근하는 남편을 배웅하고, 퇴근해서 돌아오면 가방이나 옷을 받아 주는 부부의 모습을 무척이나 부러워한다.

내심 뭔가 크게 손해 보고 있는 듯한 느낌이었다. 아내의 그러한 모습이 아마도 처음부터 그랬던 것 같기도 했다. 갓 시집온 새댁이 해 보지 않은 남편의 출근 인사며, 옷을 선뜻 받아드는 것이 쑥스러웠던 것쯤으로 아전인수 격 해석을 했다. 하지만 결국 그것으로 영 날이 샜다. 지금 와서 새삼 강요하기도 어려우니, 내 인생에 꽤 유감스러운 대목이다.

그렇다고 아내가 나를 무시한다거나, 남에게 내 위상을 깔아뭉개는 것은 또 아니다. 가정의 기강은 확실하여, 아이들이 쉽게 접근하지 않는 섭섭함은 있지만, 앞에 앉혀놓고 훈육 한 번 제대로 한 적 없어도 아버지를 신뢰하고 함부로 버릇없는 행동을 하지는 않는다. 아마도 내 존재를 그렇게 만든 것 역시 아내의 덕분이란 긍정적인 생각도 없지는 않다.

시집간 딸네들은 어쩐지 궁금했다. 모처럼 딸네에 간 때, 유심히 눈여겨봤다. 출근하는 사위에게 딸도 외손자들도 공손히 그리고 밝은 표정으로 사위에게 인사를 깍듯이 하니, '사위는 나보다 행운아군!' 하는 생각과 함께 안도의 숨을 내쉬기도 했다. 딸은 아내와는 달랐다. 천성은 타고날 수도 있지만, 스스로 터득하는 것이기도 한 모양이었다.

M군과 여행에서 참으로 놀라운 사실을 발견했다. 그는 가는

곳마다 시시콜콜 아내에게 전화로 그날의 자초지종을 자상하게 보고하는 것이 아닌가. 부창부수의 비결이 바로 거기에 있었다. 이를 본 나도 느낀 바 있어 아내에게 모처럼 전화를 했다. M군의 화기애애한 통화와는 달리, 아내는 '웬일로 전화를 다……?' 하는 반응이었으니, 비로소 그 확연한 차이를 깨닫게 된 셈이었다.

유대인은 시집가는 딸에게 이런 편지를 쓴다고 한다.

'딸아! 네가 남편을 왕처럼 모신다면 너는 왕비가 될 것이고, 남편을 그저 돈만 벌어오는 하인으로 생각한다면 너는 역시 그의 하녀가 될 뿐이다. 네가 남편을 무시하면 남편은 너를 폭력으로 다스릴 것이다. 남편의 친구나 가족이 방문하면 밝은 표정으로 정성껏 대접하여라. 그러면 남편은 너를 보석처럼 여길 것이다.'

이는 결혼하는 아들과 며느리를 앉혀놓고 한 말이기도 하다.

한편 '주는 만큼 받는다.'는 말도 있지만 어디든 일방통행은 없다. 하지만 부부의 관계에서는 이를 쉽게 잊어버린다. 결혼하는 날부터 서로 상대가 잘해 줄 것을 기대하면서 출발하기 때문이라고 한다. 남녀가 선택의 기준에서, 주는 것보다 받는 것을 먼저 기대하는 것은 어쩔 수 없는 인성임은 틀림없나 보다.

가정의 화목과 부부간의 좋은 사이를 원하지 않을 사람은 없을 게다. 하지만 말처럼 잘 지켜지는 경우가 그리 흔하지는 않다. 오히려 다툼도 있고 심할 경우 이혼이라는 파경으로 치닫는 경우도 적지 않으니, 부부의 삶이 그리 순탄하지만 않은 것이 또한 현실인지도 모른다. M군은 그의 사업정신에도, 그리고 그의 가족에게도 이를 철저히 지키고 있었던 것이다.

아내의 모습을 생각해 본다. 가끔 부부싸움을 할라치면 쏟아놓는 아내의 불만 역시 만만치 않다. 내가 생각지도 못한 작은 일에서부터 심한 말들을 서슴지 않는다. 군림하는 독재자요, 배려하지 않는 인격자로 낙인찍히고 만다. 알고 보면 내심 부드러운 남자라고 자평하고 있는 내 자존심을 꺾어버리는 여지없는 찬물 세례다.

가끔 떠올려 보지만 결혼식 때의 주례사가 잘 생각나지 않는다. 분명 부부 십계명과 함께 검은 머리가 파 뿌리가 될 때까지 함께 서로 잘 이해하고 살라는 말씀쯤은 있었던 듯하다. 하지만 그 주례사를 지키며 잘 사는 경우가 역시 쉽지 않은 것이 우리네의 삶인지도 모른다. 그럭저럭 체념 반, 긍정 반의 삶이면 그래도 평년작이 아닌가 싶다.

소통의 문제는 다른 일상에서도 일어나는 다반사이기도 하다. 정치판에 휩싸인 권세욕, 이해에 얽힌 많은 물욕, 이들이 이전투구의 바닥에서 헤어나지 못한다. 목전의 욕망에 갇혀 앞뒤를 구분할 수 없게 되는 추한 모습들이다. 나 역시 이 범주에서 벗어나지 못한 자신은 아닌가, 삶의 어중간한 뒤안길에서 되돌아본다.

받기 위해서는 먼저 주어야 한다는 때늦은 어설픈 깨우침으로 이번에는 공항 면세점에서 M군을 따라다니며, 모처럼 아내를 위한 선물을 몇 가지 골랐다. 속으로는 어떨지 모르나, 겉으로는 역시 그다지 반가운 표정을 짓지 않을 아내를 생각하면서도 모처럼 평년작이라도 지키기 위해 마련해보는 내 충정이다.

삶에 지쳐 심신이 많이 피곤한 아내에게 제대로 점수 한번 따보지 못한 나는 정말 엉터리였나 보다. 씁쓸한 헛웃음이 입가에 흐른다.

일장 일막

한 텔레비전 드라마의 제목이 눈길을 끈다. '사랑과 전쟁', 애증이 뒤얽힌 부부 간의 이야기들이다. 뿌듯하게 밀려오는 감동보다 오히려 갈등과 오해의 힘든 문제로 가슴을 누르는 사연이 대부분이다. 이처럼 부부싸움이란, 다른 남남이 만나 한 몸처럼 살려고 하면서 그 과정에 한 번쯤 겪지 않는 집이 어디 있겠는가.

평범하게 살아가는 내게도 예외는 아니었다. 중년을 넘기고 이른바 권태기가 올 무렵, 사소한 다툼이 시작되었다. 어느 날, 언쟁은 점차 위험수위를 넘나들다 마침내 안전핀마저 빠져버렸다. 아내는 대쪽 같은 성질의 장인어른을 닮아 양심적이긴 하나 때로는 직선적인 표현도 마다하지 않았다. 지난날의 쌓인 감정까지 다 내 쏟으며 마지막은 가출까지 선포하는 것이었다.

"그렇게도 내게 불만이 많으면 어디 혼자 한번 잘 살아보세요!"

이 거침없는 한 마디가 남자의 자존심마저 허물어뜨리게 했다.

"좋아! 갈 때는 마음대로지만 그 이후는 그렇게 잘 안 되니 그렇게 알아."

가출은 곧 이혼도 불사한다는 의미로 맞불을 놓으며 을렀으나 소용이 없었다. 아내는 입은 옷 그대로 화난 발자국 소리만 남기고 총총히 사라지고 마는 것이었다. 이성을 잃고 서로가 즉흥적 감정만 날이 서게 되었다.

손뼉은 맞부딪칠 때 소리가 난다고 했다. 한 쪽이 양보를 하거나 피하면 싸움이란 있을 수 없다. 여유가 부족한 내 자신도 문제였지만 수십 년을 함께 살아온 부부의 신망이 너무나 얇은 것에 화가 났고 싸움의 상대가 갑자기 사라지니 닭 쫓던 개 지붕 쳐다보는 꼴이었다.

옛 석학, 양주동 박사의 이야기가 떠올랐다. 부인이 말다툼 끝에 짐을 싸서 집을 나간다고 했지만 돌아올 차비까지 내놓으라는 해학적 연기에 어쩔 수 없이 웃고 화해한다고 했다. 그런 지혜로운 싸움이라면 오히려 삶의 활력소가 되련만, 앙금을 남기고 떠난 아내는 더없이 치졸했다. 용서 받지 못할 자로 낙인찍고 그냥 넘어가지 않겠다는 옹골찬 다짐까지 했다.

이틀, 사흘, 소식이 없었다. 당연한 일이건만 차츰 궁금해졌다. 장인 장모도 안 계시는 처가에 갔을 리도 없고 대구의 동서한테 시침을 떼고 슬쩍 전화를 해 보았으나 역시 낌새가 아니었다. 은근히 걱정이 되었다. 생각을 않으려 애쓰나 어쩐지 빈자리가 점차 더 짙게 느껴지면서 밖에서 돌아와 현관문을 열면 빈 공간의 썰렁한 분위기가 더욱 찬바람을 쳤다.

더욱이나 큰 문제는 아침저녁의 끼니 해결이었다. 첫날은 밥통 속의 밥과 냉장고 안의 반찬으로 그럭저럭 해결했으나 그 다음부터는 혼자 매식을 할 수밖에 없었다. 이른 아침이나 회식이 없는 저녁에는 혼자 식당 문을 들어설 수밖에 없었으며, 그 모습 자체가 어설프고 처량하기 짝이 없는 노릇이었다.

사실 아내가 큰소리치는 단골 메뉴가 하나 있다. 그것은 일 년 삼백육십오 일을 하루도 빠짐없이 아침밥을 해주며 산다는 것인데, 새삼 그것 하나 제대로 해결할 수 없어 쩔쩔매는 모습이니 그만큼 내 의식주는 아내에게 길들여져 있었던 것이다.

할 수 없이 파출부 센터에 전화를 했다. 특별히 음식솜씨가 좋은 사람으로 부탁을 했건만 낯선 사람이 생면부지의 또 다른 낯선 사람을 위한 것이니 지어주는 음식이 까다롭지 않은 내 식성임에도 맞지가 않았다. 있을 때는 잘 모르나 없으면 크게 불편한 것이 전깃불만이 아니라는 것을 절실히 깨닫게 되었다.

홀아비로 닷새를 버텼다. 모임이 있어 과음을 하고 온 날, 그냥 거실에 쓰러져 잔 후 심한 감기까지 걸렸다. 병원엘 갔으나 잘 낫지 않는다. 몸까지 아파 홀아비의 비애를 톡톡히 겪고 있을 즈음 가출한 아내가 예고도 없이 불쑥 나타났다.

마침 저녁준비를 하고 있던 파출부에게 의혹의 눈초리를 쏘았다. 뒤에 안 일이었지만 아내는 옆집 부인과 계속 통화를 하면서 내 일거수일투족을 모두 감시하고 있었던 것이다. 낯모르는 여자가 드나든다는 소리에 증거라도 잡겠다는 심사였는지 황급히 달려온 것이다. 내심 귀가에 안도했다.

그러나 그것은 속마음일 뿐, 어설픈 자존심이 앞섰다. 이때 싸움의 기에 밀리면 안 된다는 생각으로 표정관리를 하면서 어느새 전의戰意를 되살리고 '내일은 이혼수속을 하러 간다'는 말을 입에 올리며 겉으로는 허세를 부렸다.

무처럼 아내가 장만한 저녁식탁에 앉았다. 내가 좋아하는 도루묵조림까지 놓였다. 도루묵이란 원래 묵치가 피란살이의 인조 덕분에 은어로 불리다가 우여곡절 끝에 도루묵으로 이름이 도로 돌아온 것이 아닌가. 여하튼 도로 돌아가자는 뜻이니 '이 도루묵은 화해 제의의 카드란 말이지!' 속으로 아전인수我田引水격 해석을 했다.

좋은 안주감이 보이니 술 한 잔이 생각났다. 이럴 때 조건반사적으로 나오는 술 생각은 더없이 반갑다. 냉장고 속에 할 일 없어 누워있던 소주병을 꺼내자 그들도 기지개를 켜며 모처럼 생긴 소임을 반긴다. 그러면서도 '당신 생각을 나는 알고 있다.' 며 실실 비웃는 듯도 했다.

역시 술은 사람의 마음을 여유롭게 만든다. 그런들 어떠랴. 저쪽에서 먼저 백기를 들고 나오니 안 받을 수 없다는 억지핑계로 호기를 부리며 제법 달아오른 얼굴로 술 한 잔 못 하는 아내에게 한마디 건넸다.

"당신! 그간 마음고생 좀 하셨겠네? 이제 그만하고 술이나 한 잔 받지 그래."

자존심 센 아내도 그제야 반론 없이 겨우 묵묵부답이었다. 오히려 떫은 웃음을 웃는 듯 마는 듯, 묘한 표정으로 슬그머니 거실로 자리를 뜨니 며칠간의 냉전은 한 끼 식사도 제대로 해결하지 못하는 내 무능만 재인식시켜 주고 막을 내렸다.

한밤중에 가끔 아내의 잠든 모습을 보게 된다. 모로 누인 작은 어깨, 그리고 꼬부린 두 다리는 꽃잎 위에 접은 나비의 날개처럼 지쳐 보인다. 싸움의 그 기개 대신 이제는 세월 속의 체념이 숨어 있는 것 같다.

우리는 일장 일막이 끝나는 날까지 삶의 궤적을 남기기 위해 이렇게 다투고 화해하며 달팽이처럼 무거운 등짐을 지고 더듬이를 움직일 것이다.

더부살이

좀 지저분한 이야기다. 수십 년간 허락도 없이 내게 기생하는 놈이 하나 있다. 발 무좀이다.

인간은 누구나 결점을 갖고 있다고 한다. 그것이 신체적 결함일 수도 있고 또 다른 것일 수도 있다. 내 삶에 무임승차를 하고 내게 고통을 가져다주는 녀석, 바로 이 무좀이다. 총각 때부터 빌붙어 살기 시작했으니 아내보다도 더 먼저 확실하게 내게 자리 잡은 셈이다.

초등학생 시절이었다. 예쁜 길고양이에게 밥을 조금씩 주기 시작한 인연으로 점차 그놈과 친하게 되었다. 결국 한이불 속에서 지나게끔 발전했으나 어머니의 심한 꾸중 끝에 어쩔 수 없이 헤어지게 되었다. 놈의 눈을 가리고 멀리 공동묘지까지 데려가서 땅에 버려두고 쏜살같이 집을 향해 달려왔다. 그런데 이게 어찌된 일인가. 놈이 먼저 집에 와서 '야옹~!' 하면서 기다리고 있는 것이 아닌가. 놀라지 않을 수 없었다.

이 무좀이란 놈은 그 고양이처럼 예뻐서 친한 터수도 아니다. 남자들은 흔히 군 생활에서 이놈에게 어쩔 수 없이 당한다고 한다. 하지만 내 경우는 그것도 아니다. 오히려 당시, 군에서는 내무반의 취침 전, 침상 일선의 엄격한 발검사로 다행히 이놈의 표적이 되진 않았다. 오히려 제대 후, 사회 초년생이 되어 회사생활의 시작으로부터 불운이 시작된 셈이다.

입사한 회사가 공장을 새로 짓고 막 가동에 들어가는 바쁜 터수였다. 당시 현장근무자로서 신발 끝에 쇠붙이까지 들어있어 군화보다 더 무거운 안전화라는 것을 신고 바쁘게 돌아가던 시절이었다. 피곤한 나머지 독신료로 퇴근을 해도 발도 안 씻고 자는 것이 습관이 되었다. 그때 게으른 주인을 만난 발이 곧 놈의 표적이 되어 점령당하기 시작했다.

이놈의 의학적 용어는 각질화 된 조직에 생기는 피부 사상균이라고 한다. 여자와 어린 아이들과는 잘 친하지 않는다고 했다. 여성은 이놈이 기생할 경우, 게으름을 대변해주니 수치스러워 청결하게 발 관리를 하고, 어린 아이는 발바닥에 땀 날 일이 없으니 또한 당연한 귀결이었다. 결국, 이놈들의 홈그라운드는 땀으로 뒤범벅이 된 음습한 신발 속이다.

종류도 다양하여 생기는 부위나 형태로 구분해서 지간형, 소수포형, 건조인설형이 있고, 원인균에 따라 러브럼, 모창백선균, 유모표피사상균이 있다고 하는데, 내게 기생하는 놈이 명확히 어떤 종류인지는 잘 모르나 두 가지로 이놈들 모두가 무시할 수 없는 특성은 무지무지하게 끈덕지다는 것이다.

이놈처럼 끈질기게 목표를 향해 전진한다면 성공하지 못할 이유는 없을 것이다. '공부가 제일 쉬웠어요.' 했다는 수석 수험생이나, 그 어렵다는 사법고시 합격자들도 아마 이들의 성품을 닮지 않았을까. 밟아도, 밟아도 죽지 않는 잡초 같다고나 할까.

공생을 시작하고 십 수 년이 지나서야 겨우 이놈들의 흉한 모습과 그 행패의 심각성이 극에 달해 결국, 갈라서기를 결심했다. 피부과 의사가 자신 있게 권하는 복용약 처방을 받아 무려 6개월간의 장기 전투에 들어갔다. 그 결과, 드디어 놈이 견디지 못하고 백기를 들고 항복하여 마치 심하게 앓던 이를 뽑은 듯, 시원한 회심의 미소를 지을 수 있었다.

손자병법은 못되어도 그에 못지않은 노력으로 놈을 퇴치한 것에 의기양양해졌다. 하지만 이게 어찌된 일인가. 한 해가 지나니 도망간 여편네가 보퉁이를 안고 돌아오듯 놈이 홀연히 다시 나타나는 것이 아닌가. 어느 구석에서 외도를 하다가 왔는지 알 수 없으나 그 뜻밖의 사태에 놀라지 않을 수 없었다. 어쩔 수 없이 놈과의 동침은 다시 시작되었다.

아마 이놈의 생존철학은 내 약점을 확실하게 파고드는 것 같다. 습관은 제2의 천성이라고 했던가. 매일 아침, 운동을 위해 헬스장을 거쳐 목욕을 한다. 하지만 남들처럼 발을 정성들여 닦거나 건조기로 발가락 사이를 말리는 등의 세심한 관리를 하지 않는다. 대충 적당히 닦고 적당히 말리고 만다. 이 게으른 습관으로 그놈에게 허를 찔리고 대신 괴로움에 시달리게 되었다.

어린 아이에게도 배울 점이 있다고 했다. 공자님의 말씀이다. 은연중 그로부터 전수받은 것이 하나 있으니, 그 끈질김이다. 수십 년간을 한 우물을 판다. 나 역시 사람을 알게 되면 상대가 나를 해치지 않는 한, 먼저 인연을 끊지 않는다. 여직원도 시집을 가도 다시 쓰고, 남자는 정년이라고 해서 그만두게 하지 않는다. 이로 인해 그들로부터 많은 도움을 받는 이점도 있다.

또 다른 한 수 가르침이 있으니, 건강관리에 대한 경각심이었다. 즉, 그의 지독한 괴롭힘으로 인해 그와 유사한 나쁜 균들의 침범을 막기 위해 부단한 노력을 하게 된 셈이다. 주기적인 위 내시경, 장 내시경 검사를 철저히 이행하며, 조금만 아프거나 이상의 징조가 있으면 우선 병원행을 실천했다.

아내는 나의 이 '병원 지상주의'의 모습을 보면서 은근히 '오래 살고 싶어 생 용천을 다 한다.'라고 속으로 비꼰다. 그런 줄 잘 알고 있지만 무좀과의 동거를 경험해 보지 않았으니 아내가 어찌 내 속을 알겠는가. 별로 개의치 않는다. 오히려 질병에 많이 무신경한 아내의 그 사고방식이 오히려 어리석게 느껴질 따름이다.

하지만 이번에 다시 목욕탕에서 알게 된 지인이 내 발의 그놈을 보았다. 측은지심으로 위로하는 소리를 들으니 순간 창피함이 밀려왔다. 결국, 다시 이놈과의 제2라운드의 담판으로 6개월간의 권토중래捲土重來를 선포했다. 의사의 처방을 받아 사정없이 무서운 펀치를 날리기 시작했다.

어퍼컷에 스트레이트며 있는 기술, 없는 기술을 다 쓰니 제 놈은 결국 무릎을 꿇고 백색 수건을 던지는 것이 아닌가. 하지만 오랜 기간의 싸움으로 나 역시 지치기는 마찬가지였다. 그러나 최후에 웃는 자가 진정한 승리자였다. 회심의 미소로 쾌재를 부를 수 있었다.

하지만 오호 통재라! 이번 역시 그 기쁨의 순간은 오래 가지 못했다. 몇 개월간의 가벼운 해외여행이라도 다녀오는 사람처럼 어느 날 홀연히 내 발바닥에 놈이 재귀의 신호를 알리는 것이 아닌가. 기겁을 하지 않을 수 없었다. 이제는 운명으로 생각하기로 했다. 위장에 해가 된다는 그 독한 복용약 대신, 연고로써 협상을 하며 조강지처의 기득권을 인정해 주기로 했다.

타인과의 관계에서 그의 장점만 보라고도 한다. 이 무좀이란 끈질긴 놈을 향해 '이놈! 저놈!' 하지만 그놈은 불평 한마디 하지 않는다. 또한 이놈이 주는 경각심 덕분에 반면교사로 병원 가기를 즐긴다. 치과에 가면 '치과의사가 굶어 죽을 좋은 치아.' 라는 칭찬을 듣기도 하며, 만년에 건강의 외줄타기를 하면서 무사히 지날 수 있음도 모두 그놈 덕분인지도 모른다.

매일 아침, 함께 목욕을 가고 돌아와 연고를 문지르며 대화를 하니 놈도 이제는 젊은 시절처럼 그렇게 심하게 괴롭히지는 않는다. 아무리 밀어내도 다시 찾아오니 미운 정 고운 정이 다 든, 오랜 친구처럼 흉허물 없이 그 날까지 공생하기로 했다.

놈과의 동침이 내 삶의 좋은 덕목인지도 모른다. 삶의 한 아이러니가 아닐 수 없다.

나이테

길섶 나무 그루터기에 앉는다. 잘려나간 상처 위에 동심원 궤적이 선명하다. 그들 나무의 삶이 평범한 듯 보이지만, 뿌리는 줄기차게 수분을 빨아올리고 잎은 끊임없이 광합성을 일궈낸다. 혹독한 추위에는 모든 잎을 다 떨쳐내고 자람까지 멈춘다. 인고忍苦의 흔적으로 해마다 하나씩 선명한 선을 긋는다.

인생 또한 이와 다르지 않은 것 같다. 삶의 궤적은 곧 자서전이 되며 이는 대용량의 하드디스크다. 희로애락의 수많은 생채기가 함께 저장되어 있다. 누구나 분장한 희극배우처럼 열심히 살아가지만, 가슴을 열고 보면 유난히 상처의 응어리들이 구석구석 독특한 모습으로 자리하고 있다. 저장되어 있는 한 파일 속으로 들어가 본다.

이순耳順의 후반에 뜻밖의 일을 만났다. 건강검진 결과 만난 암 선고였다. 전립선암이었다. 통상 암 진단 결과는 '선고'라고 한다. 절체절명의 의미이리라. 그 한마디 말로 환자를 초주검으로 몰고 간다고 하지 않는가. 순간 실감이 나지 않고 혼란스러웠다. 서울 S병원의 로봇 수술을 권하는 의사의 처방을 귓가로 흘려들으면서 허둥지둥 진료실을 빠져나왔다.

집으로 돌아와 조용히 오후의 겨울 햇살이 비치는 창밖을 내다본다. 삶의 좌표가 뿌리째 흔들리고 있다. 내 삶이 넝마처럼 너덜거리고 내팽개쳐진 것 같다. '왜 하필 나인가.' 갑자기 닥친 현실 앞에 한없이 나약해진다. 등대를 배경으로 푸른 바다와 멋진 송림들, 내년에도 저들을 볼 수 있을까. 막연한 두려움과 함께 생각은 위축되고 마음은 갈피를 잡지 못한다.

며칠을 그냥 보냈다. 세모歲暮의 바쁘고 들뜬 분위기 속에서 삶은 방향타를 잃고 표류하는 돛단배가 되었다. 뜻하지 않은 깊은 자괴감을 맛보았다. 결국, 아내의 다그침으로 서울의 사위에게 수술을 위한 진단 예약을 부탁했다. 다시 이틀이 지나 예약이 잡혔으니 상경하라는 연락을 보내왔다.

다음 날 아침, 일찍 역으로 나왔다. 열차의 도착과 출발을 알리는 구내방송이 간간이 들렸다. 평소와 달리 가스실로 향하는 운명의 열차를 타게 하는 명령인 양 낯설다. 한쪽 구석, 허름한 작업복의 젊은이 셋이 선 채로 김밥에 김치를 얹어 열심히 먹고 있었다. 삶의 강렬한 의욕으로 다가왔다. 새삼 회의가 번져왔으나 애써 지우고 플랫폼의 딱딱함을 느끼며 차에 올랐다.

달리는 차창 밖은 눈발이 쏟아지고 있었다. 속도감을 주는 고속철도의 마찰음 속에 창밖 설경은 한 폭의 아름다운 산수화였다. 하지만 무거운 기분 탓인지 차가움만 전해진다.

인간의 생명은 때로는 고독하다고 했다. 생명은 다른 객체와 공존하지만, 결정적일 때는 혼자 그 책임을 져야 할 뿐이다. 낮은 첼로 선율의 여운에 지친 눈꺼풀이 서서히 내려앉는다.

서울 종착역에 도착한 것은 그로부터 두 시간 뒤였다. 전쟁을 치르듯 사람들 틈에 밀려 출구를 빠져나왔다. 사위가 마중 나와 있었다. 그는 애써 무표정을 짓지만, 잔뜩 긴장한 모습을 뒤에 감추고 있었다. 도로는 눈(雪)으로 교통이 복잡했으며 그 상황이 심경마저 질척거리게 했다.

곧장 S병원으로 향했다. 병원에 들어서니 이방인처럼 낯설다. 생명을 도박하는 긴장감으로 분주했다. 수술담당 N교수는 사십

대 후반 정도였고 선입견 때문인지 신뢰가 갔다. 그는 냉정했다. 수술 과정과 예후 이야기를 한 뒤에 수술 여부를 다그쳤다. 마음의 준비도 없이 입원절차에 응했다. 82동 54호실.(빨리 고사한다?) 호실 숫자에 피식 웃음이 나왔다. 외부 풍경이 보이는 창가 침대였다.

환자복으로 갈아입었다. 밤이 되었으나 잠이 오지 않는다. 건너편 침대의 주인은 같은 병명의 퇴임한 대학 교수였다. 동병상련의 심경을 서로 나눴다. 명멸하는 야경 속에 스쳐 가는 과거의 파편들이 복잡한 마음을 더욱 흔든다. 닥칠 새 운명에 뒤척이다 겨우 잠이 들었다. 얼마를 흘렀을까, 부딪는 금속성 소리에 잠을 깼다. 새벽이었다. 수술환자 운반용 침대가 도착해 있었다.

"○○○ 환자분 잠 깨셨어요? 시간이 되었어요. 수술복으로 갈아입으세요." 수술 순서가 바뀌어 아침 첫 순서로 앞당겨졌다고 한다. 어쩔 수 없이 실려 갔다. 마지막 가족 상면의 기회도 얻지 못했다. 서운했다. 생각보다 큰 로봇 수술 장치에 압도당했다. 맥박 소리가 크게 울려왔다. 마취 호흡기를 입에 갖다 대고 심호흡을 하자 의식은 점차 외부와 차단되어 갔다.

깨어나니 회복실이었다. 두렵던 수술은 그렇게 후딱 지나갔다. 두 딸이 걱정스러운 표정으로 옆을 지키고 서 있었다. 하루씩 교대로 병시중을 들겠다고 했다. 지금껏 그들의 보호자로만 살아온 삶이 아니었던가. 갑자기 피보호자의 나약해진 모습이 왠지 어색

하고 초라했다.

수술의 후유증은 극심했다. 육체는 고도의 정밀 기계였다. 요로 괄약근이 없어져 소변 조절이 되지 않았으며 수술로 뒤범벅된, 몸 안의 모든 장기의 순환질서가 망가져 제멋대로였다. 그 위에 정신적 고통이 극심하게 따라왔다. 오랜 시간, 끈질긴 암세포와의 억센 사투 끝에 가까스로 집으로 돌아왔다.

다시 바다 경치를 바라볼 수 있었다. 꼭 일 년 만이었다. 혹독한 시련의 한 해, 내 삶은 정지되어 있었다. 지난날 그동안 정신적 여유와 뚜렷한 삶의 목표도 없이 무작정 앞만 보고 달려오지 않았던가. 지난 삶에 대한 후회와 함께 몸은 조용한 삶을 그리워했다. 하던 생업을 모두 정리했다. 굵고 짙은 삶의 나이테가 하나 그어졌다.

인생은 연륜이 늘어나면서 점차 성숙하여 간다. 그것이 어느 날 갑자기 생기는 것도 아니요, 세월이 간다고 해서 무조건 생기는 것 또한 아니다. 시련과 고통을 이겨내며 이를 헤쳐나가기 위한 힘과 지혜가 뒤따를 때, 비로소 하나씩 둘씩 궤적이 쌓이는 것이 아닌가 한다.

만년에 찾아오는 가장 큰 어려움 중의 하나가 질병이리라. 물질적인 문제와 인간적인 외로움도 있다. 이들과의 고초를 겪는 일이 없으면 얼마나 좋으랴. 하지만 삶을 겪어오면서 누구나 그러한 것들로부터 완전히 자유스러울 수는 없을 것이다. 나 또한 그렇다. 잊히지 않는 또 다른 파일이 하나 있다.

믿었던 사람으로부터 사기를 당한 수년 전의 일이다. 지금껏 겪어보지 못한 호된 시련이기도 했다. 사람의 목숨을 해치고 평생 닦아 온 모든 물질적 가치를 송두리째 횡령해 가려는 범죄였다. 시간이 흐르면서 당시 사건 처리를 도와주던 후배가 지나치는 말처럼 한마디를 했다.

"선배님은 좀 더 일찍 이러한 사고를 당했어야 하는 건데 ……."

그 뜻을 당시는 이해하지 못했다. 큰 질병과 실패는 누구나 한 번쯤 경험할 수 있으리라. 젊은 시절에 그것을 겪으면 정신력으로 훌훌 털고 일어설 수 있지만, 만년에는 그렇지 못하다. 그 아픔의 충격이 너무 크고 깊게 남기 때문이다. 많은 인생의 실패를 보아온 그의 말을 뒤늦게 겨우 헤아릴 수 있었다.

불행은 행복이 먼저 보낸 사신이라고 한다. 그것은 역경에도 견딜 힘을 키워주며, 진정한 삶은 고통을 견디어 내고 탄생한다고 할 수 있다. 그것은 값진 인간으로 태어나게 해주는 선물이며, 행복을 맞는 디딤돌이다. 시간은 그렇게 또 지나간다. 도연명의 「사시四時」라는 시가 떠오른다.

春水滿四澤(춘수만사택) 봄물은 연못에 가득하고
夏雲多奇峰(하운다기봉) 여름 구름은 산봉우리들처럼 떠 있네.
秋月揚明輝(추월양명휘) 가을 달은 밝은 빛을 비추고
冬嶺秀孤松(동령수고송) 겨울 산마루엔 큰 소나무 한 그루 서 있네.

마라톤도 결승점이 가까워지면 마지막 스퍼트를 한다. 홀로 선 큰 나무 같은 튼실한 인생의 나이테를 한 켜 한 켜 쌓아가고 싶다. 마지막 삶의 나침반을 생각하며 방향타를 움켜쥔다. 나무의 그루터기에서 천천히 일어선다.

메멘토 모리

지난 달포 사이에 차량 접촉사고를 세 번이나 냈다. 다행히 피해는 크지 않았지만 내심 매우 당황스러웠다. 처음은 무디어진 내 주의력 부족 탓이거니 했지만 두 번, 세 번 거듭될수록 '노경老境의 빨간 경고등'이 아닌가 하는 의구심을 떨쳐버릴 수 없었다. 사고는 곧 죽음의 전주곡일 수도 있으니 자신을 돌아보는 하나의 계기가 되었다.

흔히 사람의 일생을 생로병사生老病死라 요약해서 말하기도 한다. 살아있는 모든 것들은 태어나서 늙고 병들어 죽는다는 엄연한 대자연의 순리를 감히 거스를 자는 어디에도 없을 것이다. 모든 삶의 알파와 오메가가 생사 사이에서 이루어지는 것이 아닌가. 앞으로 남은 날들에 대한 생각들이 우후준순처럼 고개를 치켜든다.

"우물쭈물하다가 내 이럴 줄 알았지!"

영국의 극작가 조지 버나드 쇼가 남긴 유명한 묘비명이다. 죽음을 예견하면서 어쩌지 못한 현실의 짙은 풍자와 위트의 대가다운 해학이다. 잠깐 동안 세상에서 허둥대다가 어느새 맞게 되는 죽음, 인생의 아쉬움을 극명하게 깨닫게 해준 명언이 아닌가. 정곡을 찌르는 명쾌함과 함께 뇌리에 공동이 뚫린 듯 싸한 바람이 스쳐 지나간다.

죽음이라는 관문을 비켜갈 수는 없다. 그런데도 사람들은 죽음이 닥쳐온다는 사실을 자신과 상관없다고 여기거나 쉽게 받아들이지 않는다. 적막한 현실을 정면대치해서 의문을 풀려고 하지 않으며, 그것을 철학가나 종교가들의 몫이거나 그들의 전유물로만 생각한다. 삶의 문턱에서 서성이다가 가을에 떨어지는 낙엽처럼 삶이 흩어져 떠나갈 뿐이다.

근간, 이름 있는 노정객이 부인의 상喪을 당했다. 그에게 만년 이인자라는 꼬리표가 붙긴 했으나 정치의 중심에 서서 한 시대를 구가하던 사람이었다. 정승의 상가이니 옛 속담대로 전, 현직의 여, 야를 막론한 국내 정치인들과 한때 그와 어깨를 나란히 했던 외국의 조문객들까지 찾아와 말 그대로 문전성시를 이루었다.

그는 많은 비난과 지탄의 화살을 맞기도 했다. 하지만 아슬아슬한 외줄 타기를 잘 해왔다. 그러한 그가 아내의 죽음 앞에서 노쇠한 자신의 삶을 한 마디로 술회했다. "모두 허업虛業이었다." 이에 나름의 정치에 뜻을 두었던 또 한 다른 분이 "지난날은 남가일몽南柯一夢이었다."라고 화답했으니 역시 엄숙한 죽음 앞에서 한 깨달음을 공감하는지도 모른다.

젊은 시절, 그들은 최고의 권력을 향해 부나비처럼 몸을 불살랐다. 원대한 꿈을 획책하다가 권력의 회오리에 휘말리기도 했다. 이제 뒤늦은 소회가 그렇듯, 넓은 초원에 붉게 잦아드는 해를 바라보면서 자연의 순리에 엎드린 노쇠한 한 마리의 맹수에 지나지 않음을 느끼게 한다. 또한 그 속에 하나의 수수께끼를 풀 수 있으니 삶의 지나친 욕심이 도사리고 있었음을 엿볼 수 있다.

인생의 가을 속에 아직 미련이 남았던가. 노욕老慾이라는 헛된 꿈으로 지난 두 해 동안 나 역시 심한 곤욕을 치렀다. 그 방면에 전문가라고 자처하는 자의 감언이설에 혹하여 건설업에 발을 들여놓은 때문이었다. 이른바, 노가다 집단의 험한 복마전 같은 틈바구니를 헤쳐 나오기에는 턱없이 내 능력이 부족했다.

막가파식의 술수가 난무했다. 불법이 횡행하는 수렁에서 헤어나오려 애쓰면 애쓸수록 그 속에 더욱 빠져드는 참담한 처지였다. 순진했던 지난날의 화학 기술자의 순수했던 자존심은 여지없이 멍들고 처참하게 찢겼다. 결국, 소송에 재판까지 많은 물질적 손실이 그 대가로 남게 되어 큰 자괴감을 깨닫게 되었다. 만신창이의 패잔병 신세였다.

솔잎만 먹어야 할 송충이가 떡잎에 군침을 흘리고, 백로는 아니었으되 까마귀 싸우는 골의 썩은 고기를 넘본 허물과 무엇이 다르랴. 제 분수를 깨닫지 못함이 주는 교훈으로 물질보다 더 큰 정신적 손상을 입을 수밖에 없었다. 뒤늦게나마 그 이치를 깨닫게 되었음을 다행으로 여긴다.

'메멘토 모리!' 죽음을 기억하라는 뜻의 라틴어다. 옛 로마에서는 원정에서 승리를 거둔 개선장군이 시가행진을 할 때, 노예를 시켜 행렬 뒤에서 이 말을 크게 외치게 했다고 한다. 전쟁에서 승리했지만 우쭐대지 마라. 오늘은 개선장군이지만 언젠가는 죽는다. 겸손하게 행동하라. 삶의 교훈을 일깨워주는 개선식의 당시 풍습이었다고 한다.

또한 나폴리 박물관에 가면 폼페이에서 발굴된 같은 제목의 그림이 있다. 균형을 의미하는 측량 자〔尺〕 밑에 죽음의 의미인 해골을 중심으로 양팔이 있으니, 한쪽은 부귀와 권력을 상징하는 왕관에 황제의 보라색 옷, 다른 한쪽은 거지의 지팡이와 누더기가 매달려 있다. 이천 년이나 된 모자이크 작품은 죽음 앞에 재물은 무의미하며 모든 게 평등할 뿐이라는 메시지를 던져준다.

예나 지금이나 죽음과 재물에 대한 회의에는 변함이 없나 보다. 개선장군이 스스로 자신을 낮추거나 겸손의 덕목을 갖추기는 힘들 수도 있다. 화려한 승리를 위해 집념을 갖고 더 많은 물욕과 더 높은 권세를 쟁취하는 것이 그들의 목표 본능이기 때문이다. 하지만 지금, 그 욕심의 승자는 죽거나 사라지고 어디에도 없다.

문득 어느 고결한 스님의 모습이 떠올랐다. '무소유'를 말하던 스님은 고귀한 한 마리의 학처럼 한세상을 살다가 훌훌 털고 갔다. 가벼운 산책을 하듯, 미련 없이 휘적휘적 먼 길을 떠나지 않았던가. 아무것도 남기지 않고 가신 길 위에 삶의 신선하고 맑은 향기가 넘쳐났다.

무소유란 전연 가지지 않는 것이 아니라 불필요한 것을 갖지 않는 것이라 한다. 필요하지 않은 것을 하나하나 버리면 가벼움을 느끼게 된다. 청빈을 삶의 목표로 함에 따라 정신적 풍요를 느낀다는 깊은 삶의 의지가 더없이 돋보이는 스님의 정신세계였다.

맑은 가난은 마음의 평안을 가져다주고 올바른 정신을 지니게 해준다.

옛말에 위에 견주면 모자라고 아래에 견주면 남는다는 말이 있다. 주어진 가난은 우리가 극복해야 할 과제이지만, 스스로 선택한 청빈은 절제된 아름다움이며 삶의 미덕인 듯 여겨진다. 스님의 자태가, 그 말씀이 새삼 가슴에 와 닿는다.

죽음은 늘 대문 앞에서 우리를 끈질기게 감시하며 기다리고 있다. 태어남에 이미 죽음의 운명을 잉태하고 있지만, 교통사고처럼 갑작스럽게 맞게 되는 것이니 익숙하지가 않다. 불쑥 나타나는 죽음의 세계란 인간의 경험 영역, 지각 영역을 넘어서는 차원의 문제가 아닌가. 그러기에 그 본체를 파악하기란 여간 어려운 일이 아니다. 아니 아예 불가능한 것인지도 모른다.

인생이라는 연극은 죽음 앞에서 공평하게 막을 내린다. 공수래공수거空手來空手去, 원래대로 돌아갈 뿐이다. 이제 물욕을 버리고, 언젠가 닥칠 죽음을 부끄럽지 않게 맞을 준비가 되어 있는지, '빨간 경고등' 앞에서 삶을 한번 되씹어 본다.

(2015. 제1회 매일신문 주최 시니어문학상 수상작)

만종

'건강보다 훌륭한 재산은 없다.' 평범하지만, 만년에 이처럼 절실하게 와 닿는 말이 없다. 병에 걸리지 않고 살고 싶지만, 히포크라테스도 허준도 이를 해결해 주지는 못한다. 병은 죽음을 향해 가는 길이지만 인간은 병고 속에서 삶의 열쇠를 찾기 위해 끊임없이 노력한다. 투병이란 인생에서 반드시 풀어야 할 퍼즐게임 같은 것일지도 모른다.

아내는 수십 년 병력의 당뇨 환자다. 매일 두 번씩 인슐린 주사를 직접 제 몸에 맞는다. 여러 합병증 전조의 통증을 호소하지만 정작 중요한 기본 처방인 음식 조절을 게을리 하고 떨어진 체력 탓을 하며 운동을 하지 않는다. 아내의 그 모습에 심한 안타까움을 느끼지만 어쩔 수 없다. 어느 날, 아내가 아픈 자신의 처지에 대해 뜬금없이 이런 말을 했다.

"모두 당신 때문에 생긴 병이잖아요."

뜻밖이었다. 때때로 아내는 뼈있는 말을 하기도 한다. 농담 반, 진담 반의 그 한 마디가 좀처럼 머리에서 지워지지 않는다.

젊은 시절의 아내는 건강했다. 땀을 비 오듯 쏟으며 지리산도 가고 추운 겨울에 한라산 등반도 마다하지 않았다. 늦게 병고에 시달리니 발병 책임을 결국 오랜 시간을 함께 살아 온 내게서 받은 스트레스 탓으로 돌리고 있었다. 충격이었다.

당뇨는 '침묵의 살인자' 라고 한다. 암, 치매, 중풍과도 달리 당장 병세가 위급하지 않다. 서서히 체력이 떨어진다. 눈, 신경, 신장 등 여러 장기에 치명적 합병증 증세가 나타난다. 아내 역시 전국의 유명한 병원을 모두 거쳤으나 처방은 음식 조절과 운동밖에 없다. 이 두 가지는 환자의 끈질긴 절제 생활을 요구한다. 웬만한 사람을 제외하고는 쉽지가 않다.

지푸라기를 잡는 심경으로 유명의醫가 운영한다는 '힐링 스테

이' 란 곳에 아내를 보냈다. 채식 식단과 엄한 스파르타식 운동요법으로 거짓말같이 인슐린 주사까지 끊게 해주었다. 놀라웠다. 하지만 그것은 병영 같은 생활에서나 유지할 수 있었다. 일상으로 돌아오니 그곳 생활을 그대로 체질화 할 수 없어 '혹시나' 가 '역시나' 로 되고 말았다. 큰 기대가 오히려 더 큰 좌절을 안겨준 셈이었다.

어느 날, 아내가 공중목욕탕에서 저혈당 쇼크로 쓰러졌다. 응급차에 실려 가는 모습은 더할 수 없는 충격이었다. 큰 소동을 거쳐 병원 입원을 했다. 며칠 후, TV프로에 나온 전원생활을 지켜본 아내가 무슨 큰 발견이라도 한 듯, 만면에 희색을 비치며 퇴원을 서둘렀다. 이어 텃밭을 만든다고 법석이니 아내의 그러한 행동이 내겐 의구심을 불러일으켰다.

말이 쉬워 텃밭이다. 언젠가 감자 농사를 짓겠다고 했지만, 끝없이 밭 두덩에서 돋아나는 잡초에 혼쭐이 나 버렸다. 결국, 농사란 '아무나 함부로 오르지 못하는 나무' 로 생각했다. 그럼에도 아내의 집념은 바뀌지 않았다.

텃밭에서 '채식과 운동' 두 마리의 토끼를 잡겠다는 계획이었다. 오 헨리의 '마지막 잎새' 에서 폐렴 환자 존시는 위층 노화가가 그린 태풍에도 꼼짝하지 않고 버티는 마지막 담쟁이 잎을 보면서 삶의 의욕을 되찾는다. 투병이란 역시 본인 스스로의 의지가 가장 중요한 것이 아닌가. 병은 대신 아파 줄 수 없지만 아내의 그 텃밭을 함께 거들어주기 시작했다.

소슬바람과 함께 초가을로 접어들자 밭 만들기에 나섰다. 시골집 창고 옆, 잡초와 칡넝쿨만 무성한 땅이었다. 터를 잡고 있던 칡뿌리는 뽑혀나가지 않으려 기를 쓰고, 맞선 우리는 사력을 다해 그들을 뽑으려 힘겨운 줄다리기를 했다. 질긴 놈은 톱으로 잘라내면서 가까스로 스무 평 정도의 밭을 일구어 냈다. 잡초와의 싸움이 아니라 당뇨와의 싸움이었다.

옛 시골 이모 집이 생각났다. 어린 시절 방학 때면 으레 그곳에 갔다. 내가 살던 도시와는 달리 조용한 시골 마을의 너그럽고 훈훈한 정과 시골 풍경이 주는 자연의 느긋함이 있었다. 집 앞의 이랑 긴 밭에는 무, 배추, 파, 고추, 마늘에 가지와 호박 등 없는 푸성귀가 없었다. 식탁의 보고였다. 문득 우리의 텃밭 위에 그 그림이 포개졌다.

토질을 북돋우기 위해 퇴비를 뿌렸다. 이모 댁 뒷간 퇴비 더미에서 나던 두엄의 지독한 냄새가 처음에는 코를 찔렀으나, 그것이 밭을 비옥하게 한다고 생각하니 점차 향내처럼 여겨졌다. 검게 변해가는 밭 모습이 햇볕에 탄 젊은이의 피부처럼 믿음직스럽기도 했다. 마음마저 풍성해졌다.

목적의식을 가질 때, 일의 능률은 배가 된다고 한다. 쳇바퀴 같은 일상에서 벗어나 해내겠다는 신념을 갖고, 자연과 더불어 호흡할 수 있다는 소중한 보람을 얻었다. 비록 집에 돌아와 밤이면 몸살로 사나흘 동안 온몸을 뒤척이며 끙끙댔지만 거기엔 기분 좋은 피곤함이 함께 있었다.

드디어 씨를 뿌리게 되었다. 무, 배추가 주종이었고 파, 마늘, 상추씨도 뿌렸다. 축복이라도 하듯 다음 날 단비가 내렸다. 그렇게 고마울 수가 없었다. 그동안 날씨에 무심했으나 작물을 심은 뒤는 달라졌다. 농사와 비 사이의 불가분의 관계를 새삼 깨닫게 되니 대자연의 너른 품에 한 발짝씩 다가가고 있는 듯했다.

아내는 그전까지는 어김없는 중환자였다. 이상한 일이지만 매일 텃밭을 오가면서 걸음걸이와 표정이 달라지기 시작했다. 어디서 그런 힘이 나오는지 나보다 훨씬 호미도 잘 쓰고 재빠르기까지 하다. 맑은 공기를 마시고 흙냄새를 맡으니 활력이 솟아나는 것인가. 아니면 텃밭에서 수확하게 될 무공해 채소에 대한 기대로 최면이라도 걸린 것인가.

땅은 정직하고 뿌린 만큼 거둔다고도 한다. 얼마 후, 드디어 파와 무의 새싹이 올라오고 모종으로 심은 배추는 뿌리를 튼실하게 자리 잡아 가고 있었다. 파랗게 솟아나는 작은 잎새들은 마치 새아기의 탄생과 다르지 않았다. 싱그러움의 새 기운이 큰 보람과 기쁨을 가져다주었다.

"백 년 전에 태어났으면 우리도 틀림없는 농부였겠지?"

"글쎄요. 그때라면 나는 아마도 당신의 아내가 아니었을 걸요."

내 농담에 아내는 어깃장을 놓는다. 아내의 질병에 대한 원망

섞인 뼈있는 대답인가. 기분 좋은 텃밭 결과에 만족한 재치 있는 응수인가.

빽빽하게 자란 무 싹을 솎았다. 무농약 채소의 풋풋한 향과 신선한 맛을 볼 수 있었다. 안빈낙도에 청빈을 즐긴 옛 풍류가 떠오른다. '나물 먹고 물 마시고 팔베개하고 누웠으니 대장부 살림살이 이만하면 족하리라.'

아내와 심신의 하모니가 모처럼 아주 잘 어울렸다. 아내의 혈당수치도 내려갔다. 저녁 들녘, 기도하는 밀레의 '만종晩鐘' 소리가 들리는 듯하다.

명부

겨울을 잉태한 낙엽이 흩날린다. 늦가을 빗속을 헤쳐 온 택배원이 뭔가 툭! 책상 위에 남기고 황급히 나간다. 뜯어보니 고등학교 동문 명부다. 그냥 꽂아 두려다 말고, 펼쳐보다 적이 놀라움에 부닥친다. 이름 밑에 '작고作故'라는 표기가 꽤 많다. 명단을 훑어 내려가다가 뜻밖에 K의 이름까지 발견하니 허전함과 함께 싸늘한 통증이 가슴에 와 닿는다. 새벽 강가의 물안개처럼 지난날들이 희미하게 피어오른다.

검정 교복 속에 한창 싱그러운 젊음이 박동하던 고교 시절, 그와는 등하굣길을 함께 붙어 다녔다. 교실에서는 앞, 뒷자리에 앉아 서로의 일거수일투족까지 꿰뚫는 사이였다. 서로의 버팀목이 된 한편, 성적에서는 은근한 선의의 경쟁자이기도 했다. 푸른 하늘에 열구름 흘러가듯 아름다운 순간들이 세월의 궤적을 남기고 훨훨 날아가 버린 지금이다.

삶 속에는 많은 인연들이 녹아 있다. 인생의 스승도 있고, 사랑하는 연인, 그리고 평생을 함께하고 싶은 친구도 있다. 삶의 많은 분광이 퍼져 나오는 그 시절만큼 싱싱하고 아름다운 시간도 없으리라. 풋풋한 젊음 속에서 미래의 운명을 가늠해 보던 시기에 그와 함께한 인연이 내 삶에 쉼 없는 자극제가 되어 지금까지 이어져 올 줄을 당시는 미처 몰랐다.

K는 보기 드문 괴짜였다. 시골 출신인 그는 그리 크지 않은 키에 어깨가 딱 벌어진 체구였다. 의협심이 강하고 적극적이었다. 새 학년이 되고 얼마 되지 않아 무술을 해서 센 주먹으로 알려진 꼴통 아이와 무려 사흘간의 끈질긴 격투를 벌였다. 모두 은근히 K가 이기길 바랐다. 그 아이의 심한 주먹 횡포 때문이었다. 그날 이후로 그 아이의 주먹 자랑은 영영 사라지고 말았다.

의협심이란 아무에게나 있는 것이 아니었다. 불의에 대한 불굴의 정신과 언제나 그 불의를 제압할 수 있는 강한 용기와 힘이 있어야만 한다. 이들의 그 명분과 그 힘에 매력이 있다. 아무도 그 주먹잡이에게 맞서지 못한 것과는 달리 그는 서슴없이 나섰으니, 항상 어디서나 남자다운 기개와 멋이 있었다.

가끔 우리는 짜릿한 탈선을 즐기기도 했다. 출입이 금지된 극장에 도둑고양이처럼 몰래 서부 영화를 훔쳐보러 다녔다. 경쾌한 음악과 함께 시원하게 펼쳐지는 대자연, 그 속에 권선징악의 통쾌한 시나리오와 사랑을 엮어내는 주인공에게 더없이 매료되었다. 주인공과 같은 정의로운 남자가 될 것을 꿈꾸기도 했다. '셴'이니 'O.K 목장의 결투' 같은, 지금도 잊히지 않는 영화 제목들이 머릿속에 남아있다.

졸업반이 되면서 누구나 진로 때문에 들떴다. 그 부분에서도 그는 미래를 향한 조바심이 없이 남달리 여유를 보였다. 남들이 교과서나 참고서를 갖고 씨름할 동안, 그는 칸트니 톨스토이니 하는 등의 책들을 끼고 다녔으며 때로는 섭렵한 지식으로 놀랍게도 삶의 명제와 철학까지 설파하곤 했다. 그러한 그의 낯설고도 조숙한 모습이 신기하였고 은근히 부러웠다.

졸업을 기회로 우리는 헤어져야 하는 전기轉機를 맞았다. 여드름투성이의 맨얼굴로 그날, 낯선 분위기의 '술집'에서 난생처음 흠뻑 취했다. 그 속에서 둘만의 약속, '30년 후, 부끄럽지 않는 모습'으로 다시 만나기로 했다. 선언문을 쓰듯 언약의 글을 써서

나눠 가졌다. 봄비 흩날리던 밤, 만취한 모습으로 어깨동무에 큰 소리치던 그날이 선하게 아려 온다.

생의 큰 변곡점을 만날 때 서로 연락은 취하기로 했다. 처음 전화는 그가 교직을 그만둘 때였다. 시골 아버지의 소망으로 교사가 되었으나, 그의 꿈속에 교직은 없었다. 내가 공단의 초보 기술자로 서서히 자리를 잡아 갈 무렵, 그의 아버지가 돌아가시자 그는 교편을 접고 기자의 길을 새로 택했다고 알려왔다. 용단에 놀랐다. 어쩌면 그게 더 잘 어울릴 것 같기도 했다.

누구나 삶을 위해 직업을 가지게 된다. 전문성을 바탕으로 자신이 좋아하는 일을 해야 하나 그렇지 못할 경우가 더 많은 것 같다. 때로는 자기의 취향과 달리, 생활여건이나 다른 이유 때문에 현실과 타협하게 된다. 젊은 시절에 꿈꾸던 초지일관이 그리 쉽지만은 않다. 하지만 그는 당시 힘든 여건에도 불구하고 호구지책에 연연하지 않고, 스스로 흔쾌히 갈 길을 택했다.

그럭저럭 가정도 갖고 회사에서도 다소 인정을 받아 제 몫을 해나가고 있을 때, 다시 그의 연락을 받게 되었다. 그는 일본에 살고 있었으며, 민단이고 조총련이고 그를 모르는 사람은 없다고 했다. 더욱 놀라운 것은 일본 여성과의 결혼 소식이었다. '민족감정도 중요하지만, 배우자와의 인연이 더 소중했다.' 는 말을 변명처럼 했다. 역시 고개를 끄덕일 수밖에 없었다.

그의 역동적인 삶의 모습이 내게는 큰 자극제가 되기도 했다.

문득 회사생활을 접고 홀로서기를 시도했다. 불혹, 사물의 이치를 깨닫고 흔들리지 않는 나이라고 했으나 사회 순리에 쉽게 적응하지 못해 뜻하지 않은 시련과 어려움에 부닥치는 일도 적지 않았다. 그럴 때마다 그를 떠올리곤 하며 헤쳐 나갈 수 있었다.

그렇게 하나, 둘 우리의 운명은 점철되어 갔다. 삶의 기회는 누구에게나 평등하고 한정된 시간뿐이다. 오로지 그 삶을 혼자서 채워가는 것이다. 졸업 이후, 그와 내 삶이 한 좌표 위에서 만난 순간은 없었다. 하지만 그의 소식은 늘 머리 한구석에서 지워진 적이 없었으니, 그것은 운명의 그 약속 때문이기도 했다. 그의 '남자다운 삶' 을 의식하고 나름대로 진인사대천명을 생각하면서 긴 미로를 헤쳐 왔다.

어느 시인은 말했다. '흔들리지 않고 피는 꽃이 어디 있으랴.' 라고. 세상의 삶이 그리 호락호락한 것은 아니라는 뜻일 게다. 많은 우여곡절의 날들이었다. 앞에 놓인 명부가 약속한 그의 조용한 모습으로 와 닿았다. 가슴속, 내 삶의 팽팽한 끈이 탄성을 견디다 못해 드디어 툭 끊어지면서 힘없이 스르르 무너지는 듯하다.

"친구, 반갑네. 내 인생수확? 그저 그렇게 후회 없이 살았다네."

그의 여유 있는 목소리가 내 귀를 울린다. 우정 그리고 승부의 끝이었다.

창밖, 한 그루 단풍나무가 조용히 눈에 들어온다. 우수수 바람에 휘날리며 떨어지는 낙엽 소리가 그의 못다 한 이야기인 양 귓가를 스친다. 짧게 그러나 굵게 산 그의 삶이 새삼 큰 그림으로 다가온다. 조용히 명부를 덮는다.

"잘 가게 친구……."

5

돌아오지 않는 연어

마스크의 얼굴

한 여인이 인사를 한다. 타고 가던 자전거까지 세우고 발판에 한 발을 얹은 모습인데 선뜻 누군지 알 수가 없다. 어리둥절한 내 표정에 황급히 그녀가 마스크를 벗는다. 동양화가 S여사의 환하게 웃는 얼굴이다. 이처럼 요즈음 자전거 타기나 걷기운동을 하는 사람, 특히 여성들이 얼굴에 마스크를 쓰는 것을 자주 보게 된다.

마스크는 추운 겨울에 방한용이거나 감기 같은 호흡기 질환자가 병균 차단을 위해 쓰는 정도로 알았으나, 근간에는 얼굴의 많은 부분을 가리게 된 그 모양마저 꽤 낯설다. 기존의 마스크와 달리 특별히 숨쉬기 좋도록 만들어졌기 때문인지 콧등 부분이 불쑥 튀어 올라온 입체형이다. 이른바 기능성 마스크라고 하여 자외선 차단용이라고 한다.

눈만 내어놓고 얼굴뿐 아니라 몸 전체를 가리는 아랍 문화권에 히잡이란 게 있다. 여성의 신체적 자유를 속박하니 얼마나 불편할까 느껴진다. 이 때문에 그 천속의 눈망울이 슬프고 안쓰럽기도 하나, 유독 그 큰 눈이 아름답고 매력적이기도 하다. 감추는 신비의 멋이라고나 할까. 그러나 기능성 마스크는 그러한 아름다움이나 멋과는 거리가 멀다.

싱그러운 아침에 아파트를 끼고 흐르는 여천천 가녘을 걷는다. 오수에 오물이 뒤섞여 흐르던 개울이 관계관청의 많은 투자와 노력으로 지금은 물고기가 살고 오리나 황새 같은 철새들도 유유자적 노닌다. 가로질러 놓인 징검다리 또한 멋스럽다. 이 훌륭한 풍경들이 마치 유럽의 아름다운 어느 곳을 그대로 옮겨놓은 듯 착각이 들 때도 있다. 기분마저 상쾌하다.

천변의 걷기 코스는 왕복이니 매일 만나는 사람은 거의 정한 시간에 자연스럽게 조우하게 된다. 그들은 여러 부류다. 강아지와 함께 가는 사람, 정겹게 이야기를 나누며 걷는 부부, 또 건강달리기를 하는가 하면 자전거나 롤러스케이트를 타는 이, 팔을 휘저으며 멋있게 활보하는 사람에, 흐르는 물을 감상이라도 하듯 유유히 걷는 이들이 있으니 보는 것만으로도 흥미롭다.

그 가운데 특히 많은 여성이 아침 이른 시간이라 햇볕이 나지 않음에도 이 기능성 마스크를 쓰고 있다. 이상하지 않을 수 없다. 이처럼 이들 마스크가 처음 나타난 것은 중국에서 날아오는 황사 때문이었지만, 점차 그 기능이 변해 자외선 차단용이 된 것 같다. 하나 이른 아침에도 쓰니 자외선 차단보다 얼굴 감추기가 그 목적이 아닌지 의구심이 간다.

보는 이로 하여금 갑갑증과 부담스러움까지 준다. 매일 아침, 얼굴을 드러내고 상큼한 미소로 인사를 대신하면 얼마나 좋을까. 또한, 젊은 여성들보다 대부분 중, 노년의 여성들이 더 많이 애용하는 것 같기도 하니 혹시 주름진 얼굴을 덮거나 세수하지 않은 얼굴이 부끄러워 그러는 것은 아닌지 슬며시 유추해 본다.

한편 정말 신분 노출을 꺼려 마스크를 쓰는 사람도 있다. 범죄자들이다. 수사망을 피하기 위한 자구책일 테지만, 범죄자의 본능으로 당황하고 서두르며 감시카메라 같은 것을 피하고자 안간힘을 쓴다. 거기에 마스크가 한몫을 하는 것이다.

하루아침에 얼굴 모습을 감추는 경우도 있다. 이른바 비위를 저지른 사람들이다. 당당하고 자랑스럽게 웃는 얼굴을 보여주던 그들이 아닌가. 갑자기 카메라를 피하는 굳은 표정의 비굴한 모습들이 안쓰럽다. 당황스러워 변명을 하는 예도 있다. 때로는 영원히 대중들의 앞을 떠나기도 하니, 배반당한 우리네 서민의 심경을 참담하게 만들기도 한다.

그 보이지 않는 얼굴 때문에 나는 큰 곤욕을 치른 적이 있다. 그는 변호사 사무실의 사무장 출신이었다. 일에 익숙해지면서 엉뚱한 물욕에 눈이 어두워졌었나 보다. 고객의 재판 판결문을 위조한 뒤, 자기 것으로 만들어 큰 재산을 불법 탈취했다. 그 대가로 많은 형을 살고 나왔다. 하지만 교도소란 데가 교화되어 나오기는커녕 범행 수법을 더 많이 배워서 나오는 곳이라고 했던가. 그가 그랬다.

허위문서 작성의 지능적 수법을 범죄에 이용했다. 허위서류로 합법을 위조하여 법인등기를 날조해 법인을 송두리째 도둑질해 갔다. 다음은 그 법인의 재산을 감쪽같이 팔아치우고 잠적하는, 전문 사기 수법이었다. 합법을 가장하면서도 얼굴은 보이지 않으니 늑장수사가 당해 낼 수가 없다. 법인들은 항상 한 발 앞서 움직이고 신출귀몰하니 범죄는 가깝고 법은 멀기만 했다.

뺏고 뺏기는 법인의 쟁탈전이 벌어졌다. 겨우 범죄 추적에 성공한 시점에 그를 등기소에서 만났다. 겉보기엔 너무나 멀쩡하고 도저히 범죄인으로 볼 수 없는 젊고 훤칠한 모습이었다. 기가 막혔다. 피해를 입은 심정 같아서는 당장 멱살을 잡아 끌고 가고 싶으나 어쩔 수 없이 더 큰 피해를 줄이기 위해 억지 합의를 하고 정리할 수밖에 없었다. 금전적으로 큰 손실을 볼 것이야 말할 필요도 없다.

합의 과정에서 그의 얼굴 본색을 볼 수 있었다. 순간순간 번득이는 그의 범죄적 언동에 정말 소름 끼치는 느낌을 받지 않을 수 없었다. 그 사기를 치는 머리로 훌륭하게 쓰면 좀 좋으련만, 범죄에 물이 들어 아무래도 정상적인 생활로 돌아올 수는 없을 것 같았다. 가족도 없고 항상 하이에나 같이 범죄의 독아를 번득이면서 살아가고 있는 것이다.

수사기관의 눈을 피해 살다보니 항상 불안하고 정서적으로 안정되지 못하다. 상대를 경계하며 마음의 문을 걸어 잠그고 철저하게 양심 가리개의 마스크를 쓰고 있다. 그것도 예의 그 다기능성일 것 같다. 한탕주의 범죄의 단맛에 길들어 그 구렁텅이에서 헤어나지 못하고, 전문사기꾼이라는 낙인이 그를 대신할 것이다. 감방을 내 집처럼 드나들 그의 모습에 마음이 무거웠다.

얼굴은 하나의 자기 상표이기도 하다. 십인십색으로 세상의 모든 사람은 각기 다른 모습으로 살아간다. 또한, 사람을 접하는 것은 삶의 한 방편이며 그 가운데 첫인상은 특히 중요하다. 면접이나 남녀의 첫 만남에서 그 상표가 결정적인 역할을 하니 중요하지 않을 수 없다. 얼굴의 좋은 상표를 위해 남자도 화장하고, 심지어 의술의 힘에 많은 돈을 투자하여 성형수술까지도 마다치 않는 세상이다.

상대에게 좋은 모습을 보이겠다는 본능적인 추구 심리에 수긍이 가기도 하지만, 자기 얼굴에 책임을 지는 떳떳하고 가식 없는 모습으로 삶을 살았으면 한다.

돌아오지 않는 연어

연어의 모천회귀母川回歸는 극적이다. 강에서 태어났으나 바다에서 살다가 어미가 되어 산란기가 되면 강으로 되돌아온다. 폭포를 거슬러 뛰어오르는 사생결단의 투쟁과 산란, 부화 후 먹이를 찾지 못하는 새끼를 위해 자기 몸을 보시하는 어미의 헌신적인 희생은 감히 상상을 초월한다. 이 종족보존의 본능은 연어뿐 아니라 모든 생물의 기본 생태이기도 하다.

이처럼 만물이 공존하는 자연에는 나름의 질서가 있다. 계절 따라 꽃이 피고 열매를 맺으며, 생태계의 법칙에 의해 생사가 아름다운 연결고리를 갖고 조화를 이루며 쉼 없이 순환한다. 그런데도 근간, 이와 같은 자연의 순리를 배반하는 돌연변이를 발견하게 되었다. 외국에 나가 사는 외아들이었다.

세월의 순리인가, 노년에 접어들며 내 심신은 석양의 연 노을처럼 사위어가기 시작했다. 일에 대한 자신감과 체력에 한계를 느낄 무렵, 아들이 배턴터치를 하듯 사회생활로 접어들었다. 낯선 외국에서 직장을 얻고 사회인의 모습을 갖추기 시작했다. 결혼에 이어 손자까지 얻게 되었고 완연히 따로 한 일가를 이루어 살고 있으니 듬직하기가 천군만마였다.

마침내 그러기를 햇수로 또다시 십 년, 장녕 마음속 정년 나이를 이미 넘기고 있었다. 이때쯤이면 누구나 갖는 소망으로 힘든 삶의 멍에를 벗고 퇴임하여 쉬고 싶은 것이 순리며 희망이다. 그것이 삶의 보람이요, 기대가 아닐 수 없다. 하지만 매사가 실타래 풀어지듯 쉽게 풀어지지는 않았다.

추석 명절에 찾아온 아들에게 새봄이 오면 귀국할 것을 제의했다. 하지만 뜻밖에도 아들은 내 바람과는 달리 그럴 수 없다고 했다. 지금껏 그곳에서 닦아 온 생활터전을 쉽게 포기할 수 없으며, 오히려 손자를 그곳 초등학교에 입학시키겠다는 배수진을 치는 것이 아닌가. 충격이 아닐 수 없었다. 그동안 이심전심, 자연스럽게 내 속마음을 알아주기를 기대했으나 믿은 도끼에 발등 찍힌 꼴이 되고 말았다.

글로벌 시대라고 한다. 빨라지는 소통문화의 덕으로 세계는 일일생활권으로 되어가고 교역은 더욱 활발해졌다. 그 틈바구니 속에서 자원이 열악하고 기술력도 부족하지만, 성실과 근면으로 이겨내면서 세계인과 더불어 어깨를 겨누어야 하는 것이 우리네 삶의 현주소다. 그 위에 커다란 변화의 바람이 불고 있었으니 시대에 맞는 생활사고 방식의 전환이었다.

그 가운데서도 특히 외국어 학습 열풍이 조수처럼 밀어닥쳤다. 단순히 외국어 몇 마디 더 잘하고 좋은 환경에서 교육받는다고 모두 훌륭하게 되지는 않을 것이다. 그럼에도 불구하고 많은 이웃이 이른바, '기러기 아빠' 라는 신조어를 만들어 내고, 심지어는 원정출산이라는 생소한 풍습마저 생기는 현실이었다. 아들 내외 역시 이러한 문물에 점차 젖어들고 있었다.

서양에서는 우리의 정신문화를 더 많이 부러워하기도 한다. 외국에서 교육을 받는 것이 더 좋다고 볼 수도 없을 것이다. 연어가 넓은 대양에서 자란 후 회귀하듯, 아들도 돌아와 가업을 잇고 전통문화의 대를 이을 때 삶은 더욱 보람 있으리라 믿었다. 아들의 '귀국 불가' 그 한마디 말이 내 자존심에 대못을 박고, 기대는 휴지조각처럼 힘없이 구겨져 버려지고 말았다.

문득 학교 동기 K가 생각났다. 두 아들이 근년에 외국에서 돌아왔다는 그였다. 그의 조언을 듣고 싶었기 때문이다. 통화 후, 그의 회사에서 회포를 풀기로 했다. 오랜만의 해후였다. 악수할 겨를도 없이 차를 탄 채, 그는 호기 있는 손짓으로 차를 몰고 뒤따라오라고 했다. 비록 퇴색하긴 했으나 옛날의 그 목소리, 그 얼굴은 틀림없었다.

하지만 그 역시 이미 세월의 덫에 걸려 희끗희끗한 흰 머리카락에 젊은 날의 빛나던 안광은 어디론가 사라지고 없었다. 졸고 있는지 앞서가는 그의 차가 가끔 차선을 벗어나면서 약간씩 좌우로 흔들리기도 했다. 열정적으로 살던 그도 노년으로 접어든 세월과 함께 이제는 어쩌면 모든 것이 그렇게 흔들릴 수밖에 없는지도 모른다.

퇴근 무렵으로 도로가 많이 붐볐다. 도심을 벗어나 한참을 달려가니 드디어 그의 회사가 나타났다. 매우 큰 규모였다. 이윽고 사무실에 도착하여 소파에 피곤한 몸을 털썩 던지고 웃으면서 그가 먼저 말을 끄집어냈다.

"이젠 우리도 지칠 수밖에 없네. 자네도 뭔 문제가 생겼다고 했던가?"

탄식 같은 술회였다. 나는 대답 대신 고개만 끄덕였다.

사회 통념상 그는 분명 성공한 사람이었다. 젊은 시절의 꿈을 실현한 것인지도 모른다. 사무실 안의 잘 갖춰진 집기, 깔끔하게 정돈된 넓은 공장은 그동안 그의 역정의 결실임을 충분히 말해주고도 남음이 있었다. 그 위에 특히 이른바 자식 농사를 잘 지었다는 항간의 소문이 가장 내 관심을 끌고 있었다.

그는 직접 공장의 구석구석을 안내했다. 만나는 직원마다 그에게 깍듯한 인사를 했다. 여유 있는 모습은 개선장군처럼 호기가 있었고 모든 것이 그냥 이루어진 것이 아님을 충분히 짐작케 해주었다. 그럼에도 처진 그의 어깨에서 청춘을 묻은 훈장이 오히려 약간은 짐스러워 보였다. 나이가 들면 놀라거나 감격할 줄 모른다고 했으니, 감성 수치가 낮아지기 때문인가.

하지만 뒤늦게 이어지는 이야기는 너무나 뜻밖이었다. 그의 남은 삶의 목표는 종족보존의 본능으로 아들에게 사업을 대물림하는 것이라고 했다. 두 아들에게 3년째 경영 수업을 시키고 있으나 그들은 아버지의 사업을 물려받지 않으려 한다고 하지 않는가. 때문에 기운이 빠지고 많이 초조해하고 있었다. 동병상련의 아픔으로 가슴이 저려왔다.

지난날, 우리에겐 보릿고개가 있었다. 이는 지울 수 없는 정신적 상흔이며, 그 때문에 그 회한을 가진 우리는 빈곤을 대물림하지 않겠다는 삶의 철학이 생겨났다. '눈물로 빵을 먹어보지 않는 사람은 꿈을 이룰 수 없다.' 라는 지난날 가슴에 새긴 구호가 아직도 뇌리에 남아 있다. 삶의 의지를 굳게 실천하기 위한 각오가 신앙처럼 자리 잡고 있는 것이다.

저녁이 되어 그와 함께 소주잔을 앞에 두고 마주 앉았다. 그 역시 모천회귀를 바랐으나 뜻대로 되지 않은 한 마리 연어였다. 한마디 탄식이 내 입에서 새어 나왔다.

"말을 강가에 끌고 갈 수는 있으나, 물을 먹일 수는 없다고 한 것 같네."

세상이 바뀌어 이제 연어는 더 이상 돌아오지 않는다. 따로 그들의 길을 찾아갈 뿐이다.

삶의 지혜

뉴스의 단골 메뉴는 정해져 있다. 여야의 끝없는 이전투구, 머리에 붉은 띠 매고서 팔 걷어붙이고 특유의 행동과 함께 벌이는 끈질긴 이기적인 투쟁, 그리고 목전의 금전에 눈이 어두워 가족이나 특정인을 노린 범죄 등이 그것이다. 이로 인해 사회 분위기가 많이 상처받고 우울해지니 좀 더 밝고 희망적인 이야기들이 많이 아쉬운 현실이다.

이것은 나라의 근대화가 시작되고부터 특히 심하게 나타난 현상이 아닌가 한다. 물질적 여유와 함께 계층 간 갈등과 이기주의가 팽배하고 날이 갈수록 더욱 극한적인 분열과 대립으로 치닫고 있는 셈이다. 인성과 새로운 사회 분위기를 회복하는 것이 시대의 절실한 과제가 아닌가 한다. 우리네의 삶의 목표와는 동떨어진 현실이기 때문이다.

사람은 만물의 영장이라고 한다. 모든 생물 중에 가장 뛰어난 우두머리라는 뜻이다. 하지만 다른 동물들과 비교해 볼 때 소나 말, 돼지 같은 짐승은 태어나기가 무섭게 바로 걷는데, 사람은 태어나 일 년쯤 지나야 겨우 걸음을 배우기 시작한다. 또한 낙타는 1km 밖에 있는 물 냄새를 맡고 소, 돼지도 이삼십 미터 밖에 있는 물 냄새를 안다고 한다. 하지만 사람은 코밑에 물을 갖다 놓아도 냄새는 못 맡는다.

눈도 사람이 제일 나쁘다. 사람은 조금만 어두워도 앞을 보지 못하고 중년이면 벌써 안경을 쓰나 사자나 호랑이, 개, 고양이 들은 캄캄한 밤중에도 대낮과 같이 뛰어다니면서 활동을 한다. 이렇듯 다른 동물과 비교해 신체적 기능이 뛰어난 것도 별로 없는데, 만물의 영장이라고 함은 웬일인가. 단지 두 가지가 뛰어난 점이 있기 때문이다.

먼저 사람은 머리를 쓰는 동물이라는 것이다. '인간은 약한 갈대에 지나지 않는다. 그러나 그것은 생각하는 갈대다.' 라는 파스칼의 말이 그 대표적인 표현이다. 또 한 가지는 짐승들과 달리 사람은 말을 하며 생활하는 동물이라는 것이다. 오직 이것이 사람이 만물의 영장으로 군림하는 이유인 것이다.

이러한 생각과 말을 활용함으로써 예술을 즐기며, 삶의 질을 더욱 향상시켜 나갈 수가 있는 것이다. 하지만 아이러니하게도 사람이 이러한 생각과 말 때문에 더 많은 문제를 야기하고, 동물보다 훨씬 치열한 경쟁과 싸움을 하고 있다. 이로 인해 스트레스와 질병에 시달리고 나아가 수명을 단축시킬 뿐 아니라 불행한 삶을 사는 근본적인 원인이 된다는 것이다.

그러면 대체 무엇이 문제인가. 먼저 우리는 물질만능주의에 사로잡혀 모든 것이 물질로 해결될 수 있는 것으로 착각하고 있다. 국가 또는 개인 할 것 없이 부의 축적을 위해 총력을 집중하니 패전국 일본도 부를 얻고 회생하였고, 잠자던 중국도 맹렬한 속도로 부를 향한 집념을 불태우고 있으며, 우리 역시 이른바 한강의 기적을 통해 국제사회에서 존재감을 드러내려고 안간힘을 쏟고 있는 것이다.

국가든 개인이든 경제력을 위한 힘자랑을 끊임없이 추구하지만 실은 이 경제적 능력만으로 모든 것이 해결될 수가 있는 것은 아니다. 중동의 많은 산유국들은 그 막강한 부의 능력을 갖고 있지만 화합과 평화는커녕 화약고라 불리며 항상 국내외적인 분쟁의 소용돌이 속에서 바람 잘 날이 없지 않은가.

이 물질적 풍요가 필요조건인 것은 틀림없으나 충분조건은 아니다. 오히려 물질적 풍요를 누리고 있는 서구사회에서도 그들의 황폐해진 인성을 한탄한 나머지 그들에 비해 인성과 정신적 풍요를 누리는 우리 동양을 오히려 부러워한다고 한다.

또한 우리는 내세의 이상향으로 천국이나 극락을 말하고 있다. 거기는 정신적 화합과 평화가 있는 곳으로 누구나 누리고 싶어 하는 곳이며, 어쩌면 삶의 궁극적 목적도 거기에 있다고 해도 과언은 아니다. 때문에 모든 종교의 최종적인 목적을 거기에 설정해 두고 있는 것으로 생각된다.

결국 이러한 끝없는 욕구를 충족시키는 것은 쉽지가 않다. 삶의 질을 향상시키기 위한 끝없는 노력을 경주하고 있으나, 다원화 되어 가는 이 사회에서 그 욕구를 쉽게 이룰 수 없으며, 그 이기적 성향으로 인해 모든 사회 질서가 파괴되니 부득이 이의 통제 수단으로 법과 규범을 만들어 놓았다. 이것은 곧 인간 스스로가 만든 불편한 굴레가 되고 있다.

삶의 진정한 의미를 깨닫고 보람을 누리기 위해서는, 이전에 보다 자율적인 인성으로 남을 이해하고 인정하는 것이 중요하다. 이로써 많은 부분의 갈등과 이기심을 통제할 수 있고, 나아가 화합과 정신적 평화가 이루어질 수 있는 것이 아닌가 한다.

하지만 우리는 대체적으로 이러한 물질적인 풍요로 많은 부분

이룰 수 있다고 생각하거나 그것을 하나의 수단이라고 믿고 거기에 전력투구를 하니 문제다.

이의 해법으로 단순한 논리를 생각할 수 있다. 물질적인 능력 바탕보다 우선 정신적 지주나 삶의 확고한 철학이 필요하지 않을까 싶다. 즉, 이것은 '역지사지'의 기본 철학이다. 이해의 갈등과 다툼은 상대의 입장에서 생각하고 말함으로써 해결될 수 있다고 본다.

쉬운 예로 역할극이 있다. 정신과적 치료의 한 방법으로써 이용되는 역할극, 시어머니와 며느리, 학생과 선생, 또는 부부간의 문제 등에 대하여 이를 통해 바뀐 서로의 입장이 되어 대화를 함으로써 상대를 이해하고 갈등과 대립의 문제를 해결할 수 있는 것을 볼 수가 있다.

이것이야말로 인성을 회복하고 삶의 질서를 바로잡는 기본이 아닌가 한다. 개인 간의 갈등, 정쟁뿐만 아니라 나라와 나라 사이의 분쟁 등에 대하여 이해의 폭을 넓히고 생각의 여유와 함께 화해의 기틀을 자연적으로 마련할 수 있는 가장 확실한 수단이 될 수 있는 것이다.

논리는 그 어느 것보다 간단명료하다. 내가 하기 싫어하는 것은 남도 하기 싫어하고, 내가 하고 싶어 하는 것은 남도 하고 싶어 한다는 기본적인 생각에서 출발해야 한다. 바로 남의 입장에 서서 볼 줄 아는 자세이니, 우리가 예부터 소중하게 생각하고 자랑스럽게 여겨왔던 이러한 정신문화를 되찾고자 하는 것이다.

모든 현실은 양면성이 있다. 물질적 풍요를 얻는 대신 우리는 더불어 산다는 인간 사회의 기본 속성을 잃게 된 것이니 이를 찾고자 하는 노력이 필요한 것이 아닌가 싶다.

끈질긴 주장으로 독도를 자기네 땅이라 우기는 이웃 섬나라 일본 사람들의 변명과 술수를 보면서, 국토의 과욕에서 빚어진 소아병적인 그들에게 우리는 측은함을 느끼게 되며, 보다 원대한 시각이 부족한 사실을 깨닫게 된다.

숨을 크게 쉬자. 보다 눈을 부드럽게 뜨고 생각을 달리해야 한다. 한 발자국 한 발자국 함께 나아가야 한다. 이것이야말로 이 시대에 이 사회를 개조시키는 최우선적인 과제이니, 비록 쉬운 일은 아닌지 모른다. 하지만 그렇게 어려운 것도 아니다. 이를 실천해 가려고 노력하는 곳에 평화롭고 아름다운 우리들의 미래가 보장될 것이다.

수구막이

낙동정맥 중간, 배실재를 끼고 침곡산針谷山이 조용히 누워 있다. 그 산발치에 조상의 얼이 그대로 살아 숨 쉬는 훌륭한 터가 있으니 포항 기북면 오덕1리 '덕동 문화마을'이 그곳이다. 옛시조에 초동의 접낫에게는 허용하지 않는다고 했던가. 아무나 들이지 않는 은밀함을 헤치고 겨우 이곳을 찾을 수 있었으니 덕동과의 만남은 그만큼 신선했다.

용이 머물렀다는 용계천, 그 계곡을 흐르는 물이 한껏 멋진 가락을 퉁기는 거문고 소리처럼 청아하다. 길 아래 세덕사지世德祠址 옆에는 세월에 지친 와향臥香나무가 지그시 눈을 감고 거문고 소리에 어울리는 풍류시조라도 읊고 있는 듯, 세월의 관록으로 베개를 베고 누워 길손의 눈길을 사로잡는다.

용계정龍溪亭 출입문을 들어선다. 단아한 팔작지붕에 익공계 기둥장식의 격조 있는 정자다. 정면 다섯 칸, 측면 두 칸의 모양새가 범상치 않다. 퇴색된 단청과 수백 년에 걸쳐 벌어진 기둥 틈새에서 옛 선조의 풍류가 고스란히 묻어난다. 난간 건너 암벽에는 '연어대鳶魚臺' 란 글자를 새겼으니 금방이라도 솔개가 푸드덕 날갯짓하면 물고기가 화답하고 튀어 오를 것 같다.

좌측 후원 문을 나서자 펼쳐지는 호산지당護山池塘의 풍광은 새삼 나그네의 발길을 움츠리게 한다. 무성한 어리연蓮이 그 옆, 도송숲과 한바탕 춤사위를 벌이고 있다. 멋진 한 폭의 산수화다. 마을 입구의 '지정문화 마을', '환경친화마을', '기록사랑 마을', '포항명승 5경' 등의 안내표지판에서 갖던 의아심이 사라지고 비로소 고개가 끄덕여진다.

천 · 지 · 인天地人이 하나 되어 조화롭게 사는 것이 자연의 질서라고 했던가. 자연, 문화, 이들도 모두 사람들이 만들고 또 그들이 지켜간다. 덕동에 가면 한 어른을 만날 수 있다. 덕동 민속전

시관을 운영하는 여강驪江 이씨 10세손 이동진李東震 관장이다. 여든넷 연세가 믿기지 않는다. 반백년 동안 덕동 지키는 것을 오로지 소명으로 하는 분이시다. 그와의 인연은 풍수지리학에 심취하다가 덕동의 '수구水口막이'를 알게 되었고, 그에 관한 이야기들을 듣기 위해 몇 번 찾아가 만나게 되면서이다.

덕동은 조선 중기의 대 성리학자 회재晦齋 이언적의 동생, 농재聾齋 이언괄의 4대손 사의당 이강이 안강 양동에서 옮겨오면서 비롯되었다. 인조 말, 그는 청나라에 굴욕적인 항복을 하자 남루해진 국가 위세를 크게 한탄했다. 결국 벼슬에의 뜻을 접고 은둔하여 풍수 좋은 덕동에 터를 잡으니 골짜기가 깊고 세속의 발자취가 드물었다.

풍수風水란 음양오행의 뿌리에서 하늘과 땅의 자연현상을 합리적으로 이해하며 인간의 발전과 행복을 추구하는 학문이다. 이에 근거하면, 덕동은 침곡산 산세山勢는 강하나 수세水勢가 약했다. 산세는 인물의 운이고 수세는 재물의 운〔財運〕이니 결국, 호산지당을 만들어 이를 보완했다.

또한, 묘지에서 물이 흘러나가는 것이 보이면 역시 재운이 빠져나가니 이를 막기 위해 물길에 '수구막이'를 해야 한다. 용계천에 솔〔松〕로 그를 조성하니 훌륭한 삶의 터가 되었다. 선비들은 그 후, 마을 풍경을 이렇게 읊었다.

산강수약축사지山强水弱築斯池

산이 강하고 물이 적어 못을 만드니

동학풍광부유기洞壑風光復有奇

동리의 경치가 다시 또 기이하구나.

도송島松숲이 곧 그 수구막이다. 돌아가는 용계천 굽이마다 흘러가는 물길을 적당하게 감추고 있는 절묘한 숲의 모양이다. 또한 덕동에는 마을재산의 효시가 된 송계松契가 있다. 송계숲의 나무를 베어다 팔아 마을 잔치 비용을 충당하던 것으로 지금까지도 잘 운영되고 있다. 또한 정계亭溪숲이 있으니 이는 송계정의 멋진 풍치를 위해 아름답게 가꾸어 놓았다.

덕동은 풍수와 솔〔松〕의 조화로 잘 어우러진 마을이다. 마을 재정을 확충하고 유교적 전통을 잇기 위한 모든 것이 동양철학과 풍수지리학에 밝은 이 관장의 주도로 이루이진 사실을 곳곳의 많은 사료史料에서 알 수 있다.

덕동 수구막이를 더듬고 있노라니 내 고향 풍수 사건이 떠오른다. 그 마을 역시 덕동처럼 낙동강을 낀 배산임수의 경관이 좋고 문중 대대로 살아온 세거지다. 문중 일을 보시던 백부가 돌아가시자 내가 대신 그 일을 맡게 되었다.

문중 재산은 대대로 종손 명의로 내려왔다. 그러던 중, 그곳에 뜻하지 않은 개발의 바람이 불어닥쳤다. 조용하던 마을의 산과

논, 밭을 뒤집고 아파트며 상가에다 학교까지 들어서니 마을이 상전벽해가 되고 말았다.

어처구니없는 일이 일어난 것은 그때였다. 땅값이 치솟자 종손이 한마디 상의도 없이 문중 산을 마치 자기의 것인 양 몰래 팔아버린 것이다. 조상을 외면한, 있을 수 없는 일이니 고양이에게 생신을 맡긴 꼴이 되고 말았다.

문중은 벌집을 쑤셔놓은 듯했다. 민, 형사 소송에 이어 족보에서 그의 제명까지 거론되자 그는 그 충격으로 병을 얻어 요절하고 말았다. 잊을 수 없는 사건으로서 물욕의 허황된 꿈이 남겨준 씻을 수 없는 오욕이었다.

놀라운 사실이 밝혀진 것은 이듬해 묘사 때였다. 개발계획에 따라 마구 파헤쳐진 산모퉁이를 통해, 선영에서 낙동강의 흘러나가는 물길이 훤히 내다보이지 않는가. 산모퉁이 수구막이가 잘려나간 때문이었다. 그로 인해 문중의 선산을 잃게 되었다는 풍수적인 해석이었다. 뒤늦게 학교를 높이 지어 수구막이를 만들어, 사후 약방문이나마 풍수 액을 막을 도리밖에 없었다.

덕동은 달랐다. 마을주민의 역풍을 뚫고 수구막이와 호산지당을 만들며, 문화유적의 보고인 민속전시관 운영과 *성법부곡의 발견 등은 후세에 길이 남을 업적이다. 이들 덕동비사秘史는 그의 저서 『덕동 사백 년 선비의 덕』에서 술회하고 있다. 동장洞長에 새마을지도자며, 마을금고 이사장직까지 맡아 덕동의 모든 일을 처리하는 열정과 짙은 삶의 모습은 너무나 의연하다.

하지만 누구나 삶의 애환은 찾아오는 것인가. 그의 부인을 만나 뜻밖에 그의 이야기를 듣게 되었다. 지난해, 이 관장은 식도암 수술과 위급하게 관상동맥 스텐트 시술을 받았다. 그러나 또다시 전립선암이 발병했다. 투병의 시련은 가혹했다. 그 이후, 그는 더 이상 암 수술은 불응하고 만다.

그의 부인은 안타까웠다. 수술을 거절하는 그의 고집을 누군가 꺾어 주길 바랐다. 노부인의 소원에 따라 수술을 적극 권했으나 그는 담담하게 답했다.

"뜬 해는 져야 하고, 산에 오르면 내려와야 합니다. 언젠가 내려놓아야 하는 삶이지요."

그에게 두 번의 큰 수술은 많은 비용 부담이었고, 또 다른 추가 수술은 그것을 가중시킬 뿐이다. 수술을 포기함으로써 후일, 홀로 남을 아내를 위한 수구막이가 되고자 한 그의 처연한 결성이었다.

마지막, 용계정 풍광을 읊은 여운을 들려준다. 자연과 선조가 베푼 문화예술의 정취를 사랑하는 그의 소박한 심경을 대변하고 있다. 말에 습기가 젖은 듯했다.

여름날/등불을 끄고/ 용계정 대청에서 누워 듣는다./스쳐가는 바람소리, 물소리/ 밝은 달빛과 어우러져/ 선조의 숨결과 함께/ 나는 한 신선이 된다.

역사에는 큰 획을 긋는 사람이 있다. 세계에서 유례가 없는 독창적인 문자인 한글과 왜적을 물리친 거북선 뒤에는 세종대왕과 이순신 장군의 훌륭한 나라 사랑의 정신과 열정이 숨어 있다.

마을 유적을 관리하며 유교의 정신문화를 잇고, 송계의 전통으로 마을 화합을 다진 덕동의 '인간 수구막이', 그의 모습에서 역사의 짙은 훈향을 느낀다.

* 성법부곡省法部曲 : 『동국여지승람』에 포항 기북면 성법리가 공업단지였다는 기록이 있음. 비격진천뢰도 여기서 만들어졌다고 하며, 이 관장 등이 사적을 발견함. 포항종합제철의 근원을 여기서 찾기도 함.

증언

양심은 이성적 판단의 아름다운 꽃이다. 우리는 살아가면서 얻는 인식을 바탕으로 모든 사실을 판단하지만, 그 가운데 양심은 사회 질서와 신뢰 구축에 아주 중요한 역할을 하는 것이리라. 그 양심이 때로는 이기주의와 목전의 이익 때문에 잘 지켜지지 않는 경우가 있으니, 이 때문에 사회질서와 신뢰가 깨어지는 일을 우리는 가끔 경험하게 된다.

퇴근길이었다. 혼잡한 큰길을 벗어나 아파트 입구 교차로에서 우회전하여 천천히 차를 몰고 올라오고 있었다. 약간의 이슬비까지 내려 시야가 좋지 않다고 생각하는 순간, 갑자기 차 왼쪽 앞 범퍼에 '쿵!' 하며 부딪히는 충돌 소리와 함께 검은색 승용차가 옆으로 튕겨 나가면서 정차를 한다. 운전석 문이 풀쩍 열렸다. 여자 운전자가 튀어나오더니 대뜸 큰소리를 쳤다.

"아저씨! 신호등 안 보고 뭐하세요?"

어처구니가 없다. 그녀의 차량이 신호를 위반하여 과속으로 직진해서 달려와 내 앞쪽에 끼어들어 와서 충돌하지 않았는가. 그러면서 오히려 적반하장으로 나서는 것이다. 농으로 하는 이야기이겠지만, '자동차 사고는 먼저 큰소리치며 우기는 사람이 이긴다.'는 말이 얼핏 머리를 스쳐 지나간다.

서른 후반 정도의 젊은 여자였다. 결국 한 아파트의 사람일 테니 후일의 체면을 위해 다투는 모양새를 피하고 싶었다. 일일이 대꾸하지는 않았다. 누구나 실수할 수도 있다. 큰 충돌이 아니었으니 차가 많이 망가진 것 같지도 않아 서로 양보를 하고 나쁜 일진을 핑계 삼아 사과를 하면서 넘어갈 것으로 생각한 자신이 너무나 순진했다.

그녀는 보험회사에 사고접수를 하라고 했다. 일이 크게 벌어지는 것이 싫었으나 어쩔 수 없었다. 보험회사의 직원이 곧 달려왔고, 현장의 증거가 분명 있음에도 그녀는 침소봉대해서 입에 거품을 물었다. 내 심기는 불편했다. 양 보험회사에서 사고를 잘 조사하여 합리적으로 처리하겠다는 직원의 말만 믿고 그냥 헤어졌다. 씁쓸했다.

정작 문제는 그 다음 날부터였다. 보험회사의 연락인즉, 양사의 합의로 대물은 쌍방과실로 처리하기로 했으나, 상대편에서 인사사고를 다시 접수요청 한다고 했다. 그녀가 병원진단을 받겠다는 이야기였다. 함께 탔던 유치원생 아이는 아무런 이상이 없는데 운전자인 그녀가 골반 통증을 호소하니 과잉 진료로 추측되나 어쩔 수 없다는 것이다.

쌍방과실은 접촉사고 시의 통상적인 결과라니 방법이 없었다. 손바닥이 맞부딪쳐야 소리가 나겠지만, 그녀의 일방적인 허위주장에 나는 아무런 방패도 갖지 못했다. 그녀의 상해는 아무래도 이해할 수 없었으나, 사필귀정이란 말만 믿고 사고 처리에 더 이상 얽히고 싶지 않았다.

조그마한 시비에도 날카롭게 부딪치는 각박한 사회다. 그동안 땀 흘린 노력 덕분에 이 시대는 삶의 질이 많이 향상되었다. 대신 그만큼 사회는 복잡해지고 이기심이 팽배해졌다. 도덕적 관념은 해이해지고 극도의 물질만능주의가 판을 치고 있다. 정서는 황폐해지고 양심이 사라졌으니 기회주의와 각종 범죄가 성행하는 살벌한 모습으로 점차 변해가고 있다.

진단 결과, 그녀는 엑스레이 소견이나 외상에는 아무런 이상이 없다고 했다. 당시 상황으로서는 당연한 결과였다. 사고가 나자 바로 문을 열고 튀어나와 열심히 휴대전화로 사진을 찍고 보험회사 직원이 도착하였을 때만 해도 몸은 이상이 없다고 하지 않았던가. 큰 충돌이 아니었기에 인사사고는 분명 억지였다.

하지만 그녀가 계속 통증을 호소하니 의사도 어쩔 수가 없다고 했다. 골절이나 외상이 없어도 사고를 구실로 억지주장을 할 경우 달리 방법이 없다는 이야기였다. 입원을 원했으나 받아들여지지 않았다. 대신 물리치료를 권하는 정도의 통원치료 진단서를 발부했다는 것이다. 의사는 교통사고 시에 있는, 흔히 일어나는 일이라고도 했다. 아무래도 믿을 수 없는 상황이었다.

양심이 사라진 곳에는 이처럼 예측할 수 없는 사태가 초래되기도 한다. 치열한 경쟁심리가 득세하고 기회주의가 만연하는 사회다. 여기서 살아남기 위하여 같은 회사의 동료도 우정보다 승진 경쟁의 대상으로 인식한다. 가정은 날로 파괴되고 온갖 흉악범죄가 늘어가고 있다. 이 모든 것들의 가운데는 양심의 문제가 도사리고 있다.

양심을 지킨다는 것은 쉬운 듯하나 때로는 어렵다. 일반적인 인식으론 그것은 당연하겠지만, 어떠한 이익의 유혹 앞에서는 서슴없이 그것이 내팽개쳐친다. 이른바 일말의 가책도 없이 내면적으로 우선 자기 자신을 속이고, 다음은 거침없이 남까지 속여야 하는 일이 일어나는 듯했다.

그녀는 매일 병원에서 통원치료를 받았으나 나는 그녀가 어떠한 심경일지 궁금했다. 치료 때마다 비양심적 억지가 연출될 수밖에 없을 것이 아닌가. 정상적인 이성을 가진 사람이라면 일종의 허위진술을 하는 범죄자의 심리상태가 될 것이며, 억지로 그 허위를 합리화시켜야 하는 힘들고 어려운 일을 겪어야 할 것이다.

우리는 흔히 거울을 본다. 좌우가 바뀐 허상임에도 이를 깨닫지 못하고 자신의 정상적인 모습으로 인식하면서 무심코 살아간다. 이처럼 습관적인 양심 실종은 그것의 잘못을 느끼지 못하고 당연한 삶의 한 방식쯤으로 자기 합리화를 시키며 오히려 지혜로운 처세술이라고 생각하는지도 모른다.

그녀의 통원치료 기간이 길어지고 보험회사와의 합의가 쉽게 이루어지지 않았다. 더 이상의 큰 손실을 감내할 수 없다고 판단한 보험회사는 어쩔 수 없이 경찰에 재조사를 의뢰했다.

조사를 맡은 경찰관은 현장 확인과 진료과정을 다시 점검하기 시작했다. 그러면서 우연히 그는 함께 탔던 유치원생 어린아이로부터 울먹이면서 하는 뜻밖의 증언을 들을 수 있었다.

"엄마와 나는 아프지 않은데, 아빠가 의사에게 아프다고 말하라고 했어요."

어린아이는 유치원 선생님과 아빠의 말 사이에서 괴리를 느끼고 당황하였을 것이다. 거짓말을 해야만 했던 작은 가슴이 얼마나 두근거렸을까. 그의 아버지는 눈앞의 작은 물욕 때문에 자식에게 거짓을 강요하고 양심 불량을 가르친, 뜻하지 않은 결과를 초래했다.

그 아이의 젊은 아버지는 아이로부터 '거짓말을 하게 하는 아빠'라는 씻지 못할 불신의 부메랑이 되어 돌아갔으며, 그날 이후 그녀 역시 병원에 다시 나타나지 않았다.

호가호위

몸에 문신한 사람들을 본다. 목욕탕에서 종종 마주치는 그들은 대체로 체격으로도 한몫을 한다. 뒤에서 곁눈질로 흘끔거려 보지만, 피부에 새겨진 검푸른 글이나 그림들이 혐오감만 더해줄 뿐 쉽게 이해가 가지 않는다.

"이거 봐요. 이런 거 처음 보시나. 뭘 그렇게 보슈?"

혹시 이런 반말 투의 시비를 걸어와 험악한 분위기라도 벌어질까 괜히 얼굴 마주치기가 두려워 시선을 돌린다. 그들은 탕 내를 거침없이 활보한다.

하필 문신한 덩치 큰 자가 몸을 씻는 내 옆자리에 와 앉는다. 거구의 팔뚝이 오르내릴 때마다 눈앞에서 청룡이 용틀임하니 불안하기 짝이 없다. 또한 그 자가 아랑곳하지 않고 물을 끼얹어 마구 튀기니 모처럼의 쾌적해야 할 목욕 기분이 완전히 망가진다. 화를 낼 수도 없다. 엄청 운 없는 날이다.

'身體髮膚 受之父母이니 不敢毁傷 孝始之也니라. 몸의 터럭 하나도 부모에게서 받은 고귀한 것이니 감히 이를 손상치 않는 것이 효의 시작이니라.' 라는 뜻이다. 공자님의 이 말씀이 아니더라도 온몸에 그려진 검푸른 문자와 그림은 왠지 거부감으로 와 닿는 것은 숨길 수 없다.

문신은 원시 시대의 미라에서도 발견되고 있다고 한다. 지난날, 동남아의 맹주 크메르제국 시대에는 병사들이 문신을 하면 화살이나 창이 몸을 뚫고 들어가지 못한다고 하여 전쟁에 나가는 모든 병사들에게 문신을 하게 했다. 이러한 믿음과 자신감으로 전쟁에 승승장구할 수 있었다는 전설 같은 이야기가 전해지고 있다.

아프리카의 원주민들도 온몸에 문신을 한다. 목적은 악귀로부터 신체를 보호하기 위한 주술에서 시작되었다고 한다. 현대에 와서는 특별한 힘과 기技 대결을 해야 하는 권투 등의 격투기를 하는 스포츠인들이 상대에게 강인한 인상을 심어주기 위해 문신을 한다. 또는 특별한 단체에서 소속원들의 통솔과 단결을 과시하는 징표로 사용되기도 한다.

이른바, 일본의 야쿠자 같은 주먹세계의 문신은 특별하다. 위계질서가 엄격한 조직을 위해서 목숨을 내놓는 것까지도 서슴지 않지만, 나름의 의리와 명분을 철저하게 지키는 정신이 있다. 문신은 살아있는 동안 지워지지 않으니 그들 나름대로는 '죽기로써 보스와 조직에 대한 충성' 을 다짐하는 의미가 있다. 문신을 통해 자존감과 단결심을 갖게 하지만 남에게 심리적 위협을 주기도 한다.

많은 나라에서 혐오감 때문에 문신을 금하고 있다. 우리의 경우도 역시, 공중목욕탕에서 문신을 과시하면 불안감을 조성한다는 죄로 경범죄처벌법을 적용한다. 입구에는 경고문을 걸고 취객과 함께 문신을 한 사람의 출입을 금지하기도 한다. 하지만, 목욕탕 주인의 상술인지 그들의 항의 때문인지 알 수 없으나 처벌법도 슬그머니 자취를 감춘 지 오래다.

문신을 공인하는 나라도 있다. 태국이다. '싹얀타투' 는 'Tattoo Art' 라고까지 한다. 문신을 해주는 승려나 문신 전문가가 따로 있다. 이들 역시 신비주의에 근거를 두고 있다. 특정한 염원을 이루어 주고 나쁜 운을 막아주며, 저주에서 보호받는다고 생각한다. 미래의 야망과 자유로운 삶에서의 행운과 활력을 불러온다고 여기며, 이성으로부터 카리스마와 매력의 힘이 작용한다고 믿고 있다.

그들은 그 행운을 누리는 대가로 지켜야 할 강한 행동지침을 요구받고 있다. 이는 종교의 계명처럼 엄격하다. 아카데미 여우주연상에 빛나는 할리우드의 안젤리나 졸리도 문신으로 이름나 있다. 문자, 숫자, 그림 등 많은 종류의 문신으로 행운과 아름다움을 추구한다. 그녀는 훌륭한 기부 천사로서의 기품과 함께 특유의 문신으로 사랑받는 여인이기도 하다.

문신하는 심리는 어떤 것인가. 인간에게는 꿈이 있다. 이것을 실현하기 위해 절대적인 힘에 의지하거나 자신을 과장誇張하는 행위를 은연중 나타내려 한다. 과장이란 사물이나 상황을 현실보다 부풀리거나 축소하는 표현이니, 진실과는 거리가 있게 마련이다. 약한 인간의 가장 의식으로 문신을 필요로 했으나, 점차 이것이 이기적으로 변질되어 온 셈이다.

호가호위狐假虎威란 말이 있다. 중국의 '초책楚策'에 나오는 이야기이다. 호랑이에게 잡아먹히게 된 여우가 말했다. "그대는 나를 잡아먹을 수 없다. 천제天帝께서 나를 이 땅의 왕으로 책봉하셨으니 나를 잡아먹는 것은 하느님을 거역하는 큰 죄다. 이를 믿지 못하면 나를 따라와 보라." 호랑이가 긴가민가하면서 뒤를 따라가 본즉, 모든 동물이 화들짝 놀라 달아나지 않는가. 이를 본

호랑이는 여우의 말에 속을 수밖에 없었다고 한다.

여우〔狐〕처럼 배경을 위장하는 모습이 어디 주먹 사회뿐인가. 많은 정치인과 재벌들의 추한 모습이 생각난다. 훌륭한 정치인, 경제인들도 많지만, 그렇지 못한 경우가 있으니 슬픈 일이 아닐 수 없다. 선량選良을 자처하는 그들은 언제나 그들의 행동을 국민과 국익을 위한 생각과 노력이라고 위장한다. 그러면서도 당리당략과 개인의 영달을 위한 권모술수로 손가락질 받는 행위를 서슴지 않는다.

나라의 경제는 물에 빠져 허우적대고 위기의 수준을 넘어 숨넘어갈 단계이지만, 그들은 아랑곳하지 않는다. 코앞의 정권 쟁취와 물욕에 눈이 어두워 서로 헐뜯고 속이며, 국민을 향한 가식의 추파를 던지는 데 여념이 없다. 추한 호가호위의 모습들이다. 그 속임수가 들통 나 얼굴을 가리고 당황하는 모습을 보면서 씁쓸해지지 않을 수 없다.

한 가지 바람은 야쿠자의 카리스마, 정치인이나 재벌의 보이지 않는 이중성에서 호가호위하지 않는 인간적인 민얼굴을 한번 보고 싶다. 하지만 그들은 그렇게 할 수 없을 것이다. 탈을 벗는 순간 눈부신 태양을 바로 쳐다보지 못하고 손으로 얼굴을 가리며 부끄러워할지도 모른다. 그들의 가슴속에는 항상 그러한 양심의 열등의식이 바탕에 깔려 있지는 않을까.

탕을 나와 몸을 닦는 거울 앞에 섰다. 거구의 문신이 뒤따라와 하필 옆에 자리한다. 그의 등에는 포효하는 호랑이와 꿈틀대는 용이 발을 떼어 놓을 때마다 함께 움직인다. 그의 등 뒤에서 꿈틀거리는 용호상박龍虎相搏의 쟁투는 나라 경제를 뒤흔들지는 않겠지만, 용과 호랑이가 싸우는 문신 박힌 육신이 영혼을 잠 못 들게 하지 않을까. 새삼 측은지심이 고개를 든다.

목욕 후, 집에 돌아와 도어를 여는 아내를 보면서 놀란다. 자세히 보니 눈썹에 갈매기 모양의 옅은 문신이 숨어있다. 이미 십 수 년이 되었다고 하지 않는가. 여태 그것도 눈치 채지 못했느냐 듯 웃는다. 허를 찔린 우둔함이 뒤통수를 친다. 대범한 듯, 짐짓 모른 체한다. 대신 속으로 중얼거린다.

"기왕이면 안젤리나 졸리 정도나 되든지……."

운칠기삼

부부란 한 곳을 함께 바라보는 사이라 한다. 오랜 세월을 더불어 살다 보면 삶의 목표가 같아지고 인생관이 닮아질 수도 있다는 의미가 아니겠는가. 우리 경우는 좀 다르다. 짧지 않은 세월을 공유했으나 근간, 점차 대화가 줄어들고 부부가 함께 하는 취미 생활 하나 변변한 게 없다. 시나브로 아내와의 큰 소통의 벽을 느끼지 않을 수 없었다.

젊은 시절은 아이들과 어울려 가족이라는 울타리가 있었다. 그 속에 아이들로 인해 잡다한 사건들과 이야깃거리가 있었으니 그만큼 생활에 활력이 되었다. 가족이 함께 수영, 등산 같은 취미생활도 더불어 즐겼다. 모두 제 나름대로 각자의 생활영역을 가지고 하모니를 이루면서 바쁘게 살아왔다. 돌이켜보면 인생의 황금기가 아니었나 생각된다.

이제 부부가 둘 다 이순耳順을 넘기면서 아이들도 모두 출가해서 떠났다. 돌봐 줄 아이들로부터 해방이 되었으니 삶의 변화에 큰 한 계기가 될 수 있을 것으로 생각했다. 그러나 그만큼 정신적 공백과 시간적인 여유로 인해 오히려 허전해진 셈이었다. 신체적 활력이 떨어지는 것으로 인해 움츠러들지 않을까 하는 염려가 찾아왔다.

젊은 날의 부부가 흔히 녹색의 싱그러운 잎이라면 노년은 퇴색되고 조용히 떨어짐을 준비하는 낙엽에 비유하기도 한다. 젊은 날들이 나름의 화려함과 생동감 넘치는 삶을 사는 것이지만, 노년은 여유와 깊은 맛을 내는 원숙한 품격과 그 속에 삶의 멋을 지녀야 하는 것이리라. 이는 누구나 나이 들어가면서 갖는 평범한 생각이기도 하다.

현실은 그러한 생각을 이루기가 쉽지 않다. 아내와는 소통이 줄고, 이른바 각자 제 팔 제 흔들기의 모양새가 되고 만다. 함께 생활하면서도 서로의 생활이며 사고방식과 습관이 점차 달라지기 시작하고, 언제부터인가 잠자리마저도 따로 하게 되었다. 동상이몽이란 말도 무색하지 않게 되었으니 이것만큼 더 허전하고 섭섭한 것이 없는 것 같다.

관심 분야 또한 그렇다. 한쪽은 그림이나 음악, 사진 같은 것들을 좋아하나, 또 한쪽은 그러한 예능이나 정서적인 산물들과는 거리가 멀다. TV를 봐도 한쪽은 스포츠나 다큐멘터리를 즐기는 반면, 다른 한쪽은 드라마와 오락프로 성향이니 도대체 궁합이 맞지 않는다. 좀처럼 극장을 함께 가는 일 한 번 없으니 씁쓸하지 않을 수 없다.

흔히 말하는 '노년에 등 긁어주는 부부'를 기대했건만 아침, 저녁 식탁을 그저 덤덤하게 맞고 저녁시간에는 각자 다른 TV 채널에 약간의 시선을 주는 것이 하루 일과의 알파요 오메가였다. 소통 부재로 인해, 기대했던 만년의 부부 생활에 회의와 함께 가슴속에 커다란 공동이 느껴졌다.

그러던 어느 날이었다. 아내의 전화 통화 속에서 친구들과 점에 백 원짜리 고스톱을 즐긴다는 것을 알게 되었다. 그 출입 빈도도 잦았다. 은근히 불만이었다.

"도둑고양이처럼 밖으로만 나돌지 말고 집에서 하지……."

엉뚱한 내 제안에 드디어 저녁에 둘이서 마주 앉았다. 하지만 이게 웬일인가. 어이없게도 대패大敗였다. 아내의 실력이 만만찮음을 알고 놀랐다.

화투는 우리 생활에 넓게 퍼진 대중오락이다. 하지만 도박이라는 불건전성 때문에 권장하지는 않는다. 아내에게 겨우 '노름꾼'이란 핀잔으로 쏘아대긴 했으나 그것은 '굶주린 여우가 나무 위에 달린 포도'를 바라보는 심경에 불과했다. 벙어리 냉가슴 앓듯 한 대패에 대한 변명일 뿐이었다.

고스톱은 은근히 매력이 있었다. 그 순간만은 모든 신경을 그곳에 집중하니 시간 가는 줄 몰라 이것이 곧 도박심리의 시초가 아니겠는가. 대신, 주머닛돈이 쌈짓돈이라곤 했으나 승부는 이겨야 재미가 있는 것이 당연하다. 지갑을 모두 털린 심경은 은근히 자존심 상하는 일이기도 했다.만회할 목적으로 며칠 거듭 판을 벌려봤으나 결과는 더욱 처참했다.

'아니 이럴 수가!' 다음 날부터 몰래 '타도 아내!'를 속으로 외치고 다른 궁리를 곰곰이 모색하게 되었다. 모든 게 로마로 통하고 책 속에 길이 있다고 했다. '고스톱 필승'이란 책을 사서 연구도 하고 컴퓨터 고스톱으로 실력을 연마해 봤다. 하지만 실전에서는 역시 아내 실력의 벽을 넘을 수가 없었다.

그러던 중, 우연한 기회로 친구의 사무실에서 꽤나 오랜 기간, 비싼 수업료까지 지불해가면서 실전 강의도 받고 실력을 몰래 연마하기 시작했다. 고스톱이란 축구처럼 실전이 중요했다. 꽤나 복잡한 두뇌플레이였다. 때로는 손자병법까지 동원되고 협동정신에 눈치싸움까지 할 줄 알아야 하는 복합전술이 필요한 것이 아닌가.

수개월을 지나 마침내 내 가다듬은 실력을 믿고 아내에게 도전장을 내밀었다. 드디어 하루, 이틀, 가끔 이기는 날도 생겼다. 점차 운칠기삼運七技三의 고스톱 명언도 이해하게 되고 회심의 미소를 지을 수 있었다. 자고로 고스톱이란 이길 때 그 재미가 더욱 쏠쏠하니 최종 그날의 결산에 따라 느끼는 승부의 짜릿한 즐거움은 가히 일품이었다.

고스톱을 모르면 간첩이라고까지 한다. 성인이면 거의 모르는 사람이 없다. 하지만 도박이라는 나쁜 인식 때문에 의식적으로 기피했던 지난날은 까맣게 잊고, 이제는 아내와의 이러저러한 이유로 '부부 건전게임' 으로 둔갑시켰다. 점차 내 실력도 아내에게 근접해 가고 있음을 확신할 수 있었다.

고스톱에 운칠기삼만 있겠는가. 희로애락이 숨겨져 있으니 삶의 축소판으로서의 진리가 그 속에 있다. 7할의 운명에 3할의 기술을 어떻게 엮어 나가는가에 따라 삶의 승패가 결정되기도 한다. 때로는 '고' 의 용기와 '스톱' 의 절제를 적절하게 외치면서 욕심 없이 살아야 한다는 진리를 때늦게 터득하게 된 것 같기도 하다.

"당신! 앞으로 한 시간만 더 해야 해요. 내 본전 다 회수할 때까지……."

"안 되지. 약속한 시간이 다 됐으니 이제 그만 해요."

밤은 깊어 가는데 억지와 화합이 어울리는 소리요, 무릎, 어깨, 팔이 아파도 도끼자루 썩는 줄 모른다.

그런들 어떠랴. 가화만사성家和萬事成을 이루도록 해주는 이 게임, 얼마나 다행인가. 아내와의 유일한 소통 터널이 되었으니 '고스톱 송가'라도 불러야 할지 모르겠다.

상처

이 사회는 치열한 삶의 경쟁과 불꽃 튀는 싸움의 각축장이다. 겉으로는 평온하게 보이나 곳곳에 보이지 않는 마수가 호시탐탐 노리며, 끊임없는 술수가 자행되는 험난한 곳으로 기상천외한 범죄가 일어나기도 한다. 한순간 사람을 쉽게 믿은 잘못 때문에, 일생에 한 번, 큰 상처를 입게 되었으니 생각하기도 싫은 내 삶의 적

잖은 오점이었다.

후배 K는 법무사시험에 합격하자 학업을 중도에 포기하였다. 법학 재학생으로 사법시험 준비 중이었으나 시골에서 보내주는 넉넉지 않은 경제사정으로 아르바이트를 하면서 학업을 계속하기에는 너무 힘겨웠다. 그것이 중도 포기의 첫째 이유였고, 또한 사법시험에 합격한다는 보장도 없는 대신, 법무사로 사회에 일찍 진출한다는 반대급부에 일말의 매력을 느꼈던 것이다.

삶에 있어 선택은 필요불가결한 요소가 아닌가 한다. 살면서 많은 선택의 갈림길에 서게 되나, 미련과 함께 어쩔 수 없는 선택일 경우 후일에 후회를 남기기도 한다. 법복을 입은 동기들을 보면서 그는 법무사의 길을 택한 것에 가끔 회한을 토로하기도 했으니, 이는 현실에 만족하지 못하는 인성의 한 원인이 되기도 했다.

법무사 활동은 예상외로 순조로웠다. 야망과 젊음을 바탕으로 동분서주하니 마치 물을 만난 물고기처럼 일취월장으로 발전하는 모습을 보였다. 그의 출세는 가족들에게도 큰 보람이요, 고향마을, 아버지의 대단한 자랑거리가 되기도 했다. 금의환향이 따로 없었다. 이른바, 안정된 생활과 나름의 사회활동에 부족함이 없었다. 그러나 결국 그는 그것으로 만족하지 못했다.

돈이 사람을 망치게 한다고 하는 말이 있다. 돈은 생활의 편의와 보람을 주기도 하나, 결국 물욕과도 통하니 이것이 사람을 망하게 하는 경우가 흔히 있다. 젊은 그는 빨리 성공하고 싶어 했고 특히 물질적인 부富에 목말라했다. 그 때문에 과욕이 넘쳐 주위의 동업자들과의 이해관계에서 빈축을 사기도 한다는 소리가 들리기도 했다.

당시 내겐 동문회장이라는 임무가 주어졌다. 또 한 사람 중요한 역할을 하는 총무로 K를 모두 추천하였으니, 비록 사업적인 수단으로 보이긴 하나 항상 헌신적으로 모임에 참여하는 그의 근면성 때문이었다. 하지만 이것이 내 인간관계에서 가장 잘못 끼워진 단추가 될 줄은 꿈에도 생각지 못했다.

동문회장과 총무의 인연으로 그는 자연히 자주 내 사무실을 드나들게 되었다. 그는 법무사의 일뿐이 아니고 부동산 중개사 업무도 겸하고 있었다. 그러다 보니 거래를 이유로 가끔 자금융통을 부탁해 왔다. 어쩔 수 없이 빌려주기는 했으나 너무 서두는 그의 모습이 어쩐지 급히 먹는 밥처럼 체하지 않을까 염려가 되기도 했다.

그러던 중, 하루는 그의 친구를 데려와 그동안 나름대로 골치를 앓던 내 법인의 부동산을 매각시켜 주겠다는 제안을 하였다. 계약금은 그 친구 소유의 야산을 대물로 제공하고, 중도금과 잔금은 매매하고자 하는 부동산의 담보대출을 받아 지급하겠다고 하였다. 평소 법무사로서의 실력은 인정하던 터수라 나는 의심없이 그들의 의견을 받아들였다.

쉽게 그들을 믿은 내 어처구니없는 실수였다. 인간의 약점을 파고드는 계획된 범죄수법에 말려든 것이었다. 대출을 위해 대표이사를 넘겨받아야 한다는 말에 무심코 인감증명서까지 해주었다. 하등의 의심을 갖지 않았다. 단지 힘든 일을 처리해주는 호의로 해석했을 따름이다. 범죄가 가능했던 틈이었고 사기극의 시발점이었다. 고양이에게 생선가게를 맡긴 꼴이었다.

K는 당시 부동산 개발에 손을 댄 것이 큰 손실을 불러왔고, 여러 곳에서 사채를 낸 자금을 상환할 방법이 없었다. 그래서 사기범으로 탈바꿈한 그에게 법인의 인감을 그냥 맡겼으니 마음대로 주주와 대표이사마저 그들의 명의로 바꾸고 이를 이용하여 도저히 상상할 수도 없는 무서운 범죄를 행동으로 옮겼던 것이었다.

후에 안 일이었지만, 법인의 재산을 담보로 큰 금액의 대출을 받고 법인의 모든 주주를 바꿔 법인의 전 재산을 완벽하게 탈취하였다. 그리고 다음 단계로 나를 없앨 작정을 했다. 전혀 이 사실을 모른 채, 퇴근할 무렵 처리하기로 한 등기서류를 확인하기 위해 그의 사무실을 들렀다. 그는 서류를 가져온다고 하고 밖으로 나가, 몰래 흉기를 준비해 들어온 것이었다.

너무나 가혹한 운명의 장난이 벌어졌다. 가져다준 서류를 보고 있는 나를, 그는 뒤에서 흉기로 내리쳤고, 피를 흘리며 반사적으로 그때부터 목숨을 건 사투가 벌어졌다. 맞붙어 엎치락뒤치락하다가 다행히 그 흉기인 망치의 머리 부분을 잡게 되어 그것을 빼앗을 수 있었다. 결국, 엎드려 비는 그의 사과를 받아 낼 수 있었으나 위기일발의 끔찍한 순간이었다.

당시까지도 계획적인 범죄 사실은 전혀 몰랐다. 그 폭행행위가 심하긴 하였으나 단순한 순간적 오해로 생긴 감정의 폭발 정도로 생각하여, 사죄하는 그를 용서하고 병원에서 치료를 받은 다음 집으로 돌아왔던 것이다. 다음 날, 바뀐 법인등기와 대출사실을 확인하고, 비로소 그의 범죄 계획의 전모를 알게 되어 경악하지 않을 수 없었다.

결국, 검찰에 고발하였고 조사가 시작되었다. 조사를 받고 있는 동안은 불구속 상태였으니 나를 해치려는 집념을 버리지 않고 끊임없이 내 주위를 맴돌았다. 범죄의 표적이 되는 만큼 두려운 사실은 없었다. 신변의 위협을 느낀 나머지 집에서 거취를 할 수가 없었으니, 아내와 함께 찜질방이나 숙박업소를 전전하였다. 평생 잊을 수 없는 악몽이었다.

오랜 기간, 피해자가 되는 것도, 피의자를 고발하는 것도 너무 힘들었다. 수사기관에 연루되어 드나드는 것을 처음 경험하게 된 처지로서 그 정신적 피로감은 수십 년을 살아온 삶의 역경 중에 가장 힘든 기간이었다. 그 후유증은 평생을 지고 가야 할 멍에가 되고 말았다.

결국, 그가 구속되고 나서 겨우 숨을 쉴 수 있었다. 검찰의 조사를 받을 당시, 법에 능한 그의 교묘한 증거인멸과 변론수단이 만만치가 않았고, 완벽하게 갖춘 위조서류와 허위증언에 아연실색

하지 않을 수 없었다.

남게 된 경제적 손실 또한 너무나 큰 몫이었다. 사기詐欺로 받은 대출채무를 갚겠다고 한 그를 용서하고 합의를 해 풀려났으나, 그는 단 한푼의 채무상환도 이행하지 못했다. 물욕 때문에 얼룩진 범죄로 그는 신용을 잃고 추락하기 시작하였으니 더 이상 사회에서 재기할 수 없었고, 일순간 타인을 쉽게 믿은 대가代價로 나 역시 치유할 수 없는 큰 상처를 입었다.

삶에 있어 물질은 필요한 요소임에 틀림없다. 하지만 물질만능주의에 영혼이 물들고 조급증에 빠지면 결국 그 물질의 노예로 타락하고 만다. 지우고 싶은 마음의 상처傷處가 남겨준 쓰라린 산물이었다.

탄탄한 내공으로 지은 '수필집' 한 채

— 도무웅의 작품 세계

곽흥렬 | 수필가

♠ 삶의 굽이를 넘고 넘어

책을 한 권 낸 사람은 아예 책을 내지 않은 사람을 지배하고, 두 권 낸 사람은 한 권 낸 사람을 지배하며, 세 권 낸 사람은 두 권 낸 사람을 지배한다는 말이 있다. 그만큼 책은 우리 삶에서 큰 힘을 지니고 있다는 이야기일 것이다. 세상에 아무리 책이 흔한 시대라고는 하지만 그래도 책이 주는 의미는 지대하다고 하지 않을 수 없다. 그러나 책도 책 나름, 독자들에게 기쁨을 주고 가슴을 울리게 하는 책은 그리 흔치 않은 것이 사실이다.

도무웅 수필가의 『돌아오지 않는 연어』는, 단언컨대 탄탄한 내공으로 지은 '수필집' 한 채라고 감히 말할 수 있을 것 같다. 그는 이 첫 수필집을 내기까지 칠팔 년 동안 각고의 수련을 해 왔다. 그러면서 시니어문학상, 등대문학상, 경북문화체험 전국수필대전 등 공모전을 통해 여러 차례 수상을 함으로써 이미 탄탄한 필력을 세상에 인정받은 바 있다.

도무웅의 수필을 읽고 있으면 한 편의 긴 영화를 보는 듯 파노라마처럼 풍경이 펼쳐진다. 그것은 그의 작품들에서 굴곡 많은 인생의 궤적이 서사와 묘사로 적절히 어우러져 아름답고 정감 넘치게 그려져 있기 때문이다. 이 점이 그의 수필이 지닌 매력이기도 하다.

우리나라 현대수필의 개척자인 김소운 선생은 불후의 명수필 「피딴 문답」에서 글 한 편 쓰려면 입시를 치르는 중학생마냥 긴장을 하게 된다고 읊었다. 비단 수필뿐일까. 서평 쓰는 작업을 하게 될 때 필자의 심경도 영락없이 그렇다. 작가의 창작 의도를 어느 정도로 근사하게 담아낼 수 있을지 늘 긴장하게 된다. 서평의 좋고 나쁨에 따라서 아주 훌륭한 작품임에도 격이 떨어져 보이게 만들 수도 되고, 반대로 다소 초름한 작품일지라도 그 약점을 보완해 줄 수도 있기 때문이다.

이 같은 중압감에도 불구하고 한편으로는 필자의 서평이 독자들에게 작가의 작품에 대한 충실한 안내자 역할을 하게 된다는 생각으로 적지 않은 보람을 느끼는 것도 사실이다.

♠ 청상의 노모를 향한 애끓는 사모곡

도무웅 수필가는 외동아들이다. 그의 아버지가 일찍이 세상을 떠난 탓이다. 도 수필가의 아버지는 그가 세 살 때 이십대의 젊은 나이로 그의 곁을 떠났다. 그는 칠십 년 전 당시의 암담했던 상황을 이렇게 그리고 있다.

어머니는 스물한 살 꽃다운 나이에 혼자가 되셨다. 남편과의 사별이 앞날에 무엇을 의미하는지조차 모를 때였다. 오직 남은 것은 세 살배기 어린 아들과 역경을 부딪치며 살아남아야 할 모진 운명뿐이었다. 시가로부터는 남편을 죽게 한 덕 없는 며느리로 외면당하였고, 친정 역시 부모가 일찍 돌아가신 곳이니 이 세상 어디에도 기댈 곳이 없었다. -「부디 내 아들만」 가운데서

누구나 행복하고 편안한 삶을 누리고 싶어 하는 것이야 인지상정이리라. 노모는 그렇지 못했다. 젊은 시절, 아버지의 요절에 슬퍼할 겨를도 없었다. 갑자기 닥쳐온 운명이 호락호락하지 않았으니, 젖먹이 아들을 등에 업고 행상도 하고 직조공장의 여공 생활도 마다할 수 없었다. 일제로부터 해방은 되었지만 곧 6·25동란의 힘든 터널을 또 겪어야 했으니 질곡의 시간이 줄을 이어갔다.

-「솔정자의 꿈」 가운데서

그의 어머니는 이 세상에 하나밖에 없는 아들을 의지 삼아 구십 평생을 억척스럽게 살아내었다. 아들의 뒷바라지를 위해 온갖 힘든 일, 궂은일을 마다하지 않은 슈퍼맘이었다. 그러다 보니 아들에 대한 사랑이 너무도 강하여 거의 집착에 가깝다고 할 정도였음이 작품의 편 편마다 묻어나 있다.

어머니 삶의 기본철학은 근검절약이었다. 이는 하나의 신앙 같기

도 했다. 어머니는 당시 회사식당에서 일을 했다. 배식하고 남은 밥을 싸가지고 와서는 그 찬밥을 먹었다. 그때는 그것을 당연한 것으로 생각했다. 또한 하루 종일 햇볕이 들어오지 않는 이모네 직조공장 안 캄캄한 방에서 낮에도 촛불을 켜고 살았다. 그 역시 불편하다는 생각을 하는 것은 사치일 뿐이었다. -「솔정자의 꿈」 가운데서

어린 나를 등에 업고 민 길을 다니며 봇짐장수를 했다. 점포도 없이 쫓겨 다녀야 하는 길가 노점상을 전전하기도 했고, 직조공장의 여공으로, 외아들을 키우기 위해 안 해본 일이 없었다. 남자 가장으로서도 힘든 당시의 삶이었다. 젊은 나이에 경험도 없이 어머니가 가장 역할을 도맡았으니 그 고충이야 이루 다 말할 수가 있었을 것인가.

-「풋고추」 가운데서

한편으론 그런 어머니이다 보니 아들이 결혼을 한 후에는 며느리와의 갈등이 적지 않았던 모양이다. 어머니로서는 남편처럼 의지하던 아들을 며느리에게 빼앗겼다는 심리적 허전함 때문이었을 것이고, 며느리로서는 일단 가정을 이루었으면 놓아 주어야 함에도 그렇지 못한 시어머니에 대한 원망 때문이었을 것이다. 그 사이에서 이편에도 저편에도 서지 못하고 어정쩡한 입장에서 번민하는 작가의 고뇌가 「소통」이라는 작품에 아프게 그려져 있다.

그릇은 부딪치면 소리가 난다고 했다. 어머니와 아내는 같이 살진 않았고 자주 만나지도 않았다. 하지만 제사라든가 집안의 대사라고 할 수 있는 아이들이 결혼문제 등등에서 사소한 의견의 차이가 하나

둘 쌓이기 시작하더니 결국 보이지 않는 갈등의 모습으로 번져갔다.

지금까지 홀로 살아오신 어머니의 몸에 밴 약간의 독선과 비교적 천성이 곧고 주장이 확실한 아내의 성격의 충돌 탓에 하나, 둘 보이지 않는 벽이 생기기 시작했다. 점차 견원지간의 모습이 되어갔다.

소중한 남편을 낳아주신 시어머니와 사랑하는 자식을 대신 잘 돌봐줄 며느리가 아니고, 아들과 남편이라는 각자 자기중심적 입장에서 서로 자신의 영역을 빼앗은 존재로 인식하니 문제였다. 그 가운데 서있는 한 남자는 어쩔 수 없이 솔로몬 왕 앞의 아기 신세가 된 기분이었다.

도 수필가는 이런 이유로 하여 어머니의 조건 없는 사랑에 대한 보답을 제대로 하지 못한 지난 세월을 절절히 뉘우치고 있다. 어찌 보면 그의 이 첫 수필집은 '청상으로 모진 세월을 애면글면 헤쳐 온 어머니에게 바치는 애끓는 사모곡' 이라고 해도 좋겠다.

잠든 노모의 모습이 새삼 눈에 들어왔다. 흰 머리카락은 더욱 많아져 있었고 세월의 훈장이라고 하는, 얼굴에 패인 주름은 더욱 깊어져 있는 것 같다. 기력도 많이 떨어진 듯했다. 오랜 풍상을 홀로 견디어 내신 노모, 이제 지치지 않을 수 없었을 것이 아닌가. 그동안 잘 지켜드리지 못한 죄책감이 새삼 엄습해 왔다. -「어떤 하루」 가운데서

그는 어느 해 평소 알고 지내던 지인이 사업을 하다 많은 부채를 지고 힘들어할 때 그 지인의 요청을 받아들여 지인의 건물을 인수하게 된다. 물론 지인이 진 부채를 고스란히 떠안는 조건이

었다. 아들은 막상 인수를 결정하긴 했지만 경제적으로 심한 압박감을 받는다. 그런 아들의 모습을 바라보는 노모의 마음이 편치 않았을 것임은 불 보듯 뻔하다. 결국 노모가 나서서 모자라는 자금을 흔쾌히 대어준다. 그러면서 그는 건물의 주차관리를 노모에게 맡긴다. 노모에게 노년의 소일거리를 마련해 준다는 명분이었다. 노모도 아들의 건물에 주차관리를 하는 것을 큰 기쁨으로 여긴다.

그러던 중 주위에 다른 새 건물들이 들어서자 경쟁력에서 밀리게 되고, 그로 인해 그도 울며 겨자 먹기로 기존의 건물을 헐고 새 건물을 짓게 된다. 여기서 사단이 발생한다. 노모에게 늘그막의 활력을 불어넣어 주던 직장이 없어져 버린 것이다. 노모는 갑자기 깨어진 생활리듬으로 힘들어한다. 그는 어쩔 수 없는 선택이라고 변명을 하면서도, 그런 어머니를 바라보는 불초한 심경을 이렇게 토로하고 있다.

> 실직의 고통은 노모라고 하여 다를 리 없었다. 갑자기 생활리듬이 깨어진 것이다. 점차 시간이 지나면서 이를 확연히 깨닫게 되자 노모의 일을 가볍게 생각한 나 자신이 후회가 되었다. 그토록 많은 정성으로 하루를 시작하고 마치는 일이 이루어지던 직장을 하루아침에 잃은 셈이니 큰일이 아닐 수 없었다. -「노모의 실직」 가운데서

하지만 그 상황에서도 그의 어머니는 오로지 아들에 대한 일념뿐이다. 그가 어머니에 대한 미안한 마음을 내비쳤을 때 어머니

는 이렇게 아들을 격려한다.

"걱정 하지 마라. 나 얼마 전부터 노인대학에 입학했네."

어머니의 이 말이 그에게는 오히려 더욱 죄스러움으로 다가온다. '강제 퇴임시킨 못난 아들' 인 자신의 불효에 새삼 절절한 후회의 마음을 이 작품에서 쏟아내고 있다.

어머니에 대한 불효를 저지르고 있다는 그의 마음의 이면에는 일평생 한 번도 보지 못한 아버지에 대한 간절한 그리움이 깔려 있는 것 같기도 하다. 앞서도 잠시 언급한 바 있지만, 그의 아버지는 그가 세 살 나던 해에 그 하나만을 남기고 세상을 떠났다. 그에게는 그런 아버지의 부재가 평생을 따라다니는 허기로 자리하고 있다. 그러면서 통한의 아픔으로 가슴속 깊이 간직되어 있다.

> 내겐 아버지에 대한 기억이 전혀 없다. 늘 아쉽게 생각하던 부분이다. 단지 사진 몇 장을 봤을 뿐, 단편적으로 야구선수를 했다거나 의협심이 강하고 친구를 좋아했다거나 하는 이야기들을 듣고 그저 짜깁기식의 아버지상을 갖고 있었던 것뿐이었다. 절박한 시간에 통한의 일념으로 내 이름 속에 그의 혼을 불어넣으셨던 아버지. 이제 새삼 유지를 따르지 못한 것이 죄스럽고 후일 아버지 곁으로 가서도 뵐 낯이 없을 것 같다. -「아버지의 혼」 가운데서

♠ 예술로 승화시킨 삶의 아픔

사람은 누구 없이 성공한 인생을 살기를 원한다. 그리고 그러한 인생이기를 꿈꾼다. 이 세상에 실패한 인생을 살고 싶은 사람

은 아무도 없을 것이다. 그렇다면 과연 어떤 인생을 성공한 인생이라고 이름 할 수 있을까. 물론 그 기준은 사람마다 다를 것이다. 어떤 이는 남들이 부러워할 재물을 많이 모은 사람을 성공한 인생이라고 부를 것이며, 어떤 이는 남들이 우러를 높은 지위나 권력을 얻은 사람을 성공한 인생이라 부를 것이다. 하지만, 필자는 그런 사람들보다는 굴곡 많은 삶을 살아 온 사람을 성공한 인생이라고 말하고 싶다.

필자는 도무웅의 수필 작품들을 통하여 그의 삶이 어느 누구보다도 굴곡 많은 인생이었음을 확인할 수 있었다. 청상과부의 외아들로 태어나 경제적으로나 사회적으로나 남들의 부러움을 살 만큼 자수성가하기까지 기나긴 세월 동안 그가 겪었을 질곡의 삶이야 묻지 않아도 그림일 터이다.

그는 겉으로 살피면 아무런 어려움도 없이 한평생 평탄한 길을 걸어 온 사람처럼 보인다. 그러나 도 수필가의 작품들을 읽다 보면 그가 남다른 생의 아픔을 지닌 채 생의 굽이굽이를 헤쳐 왔다는 사실을 깨닫게 된다. 아무런 어려움이 없는 삶은 우선 지내기는 편할지 모르지만, 돌아보면 이야깃거리가 없는 인생이다. 그런 인생은 어찌 보면 죽은 인생이나 마찬가지다.

영국의 극작가인 오스카 와일더는 "슬픔 속에 성지가 있다"는 불후의 명언을 남겼다. 수필가 류달영 선생도 "슬픔이야말로 인간의 영혼을 정화시키는 위대한 힘이 있다"고 그의 글에서 썼다. 그렇다. 눈물 젖은 빵을 먹어보지 아니한 사람과는 인생을 논하지 말라는 말이 있던가. 아픔을 겪어 본 사람만이 남의 아픔에 공감할 수 있는 법이다. 눈물 젖은 빵을 먹어 본 사람의 생에서는 향내가 난다. 그 냄새는 지상의 그 어떤 꽃도 피워낼 수 없는 무상無上의 향기다.

필자는 도무웅의 수필에서 바로 이 향기를 맡을 수 있었다. 그의 삶에는 슬픔 속에서 아로새겨진 영롱한 아름다움이 담겼다. 그러기에 그의 수필에서는 눈물로 빚은 생의 아픔과 애틋한 그리움의 냄새가 물씬 풍겨난다. 그의 수필들 가운데 이러한 경향을 엿볼 수 있는 대표작으로 「홍시」를 들 수 있을 것 같다.

「홍시」는 그의 등단작이다. 그는 계간 ≪동리목월≫ 2013년 봄호를 통해 문단에 이름 석 자를 올렸다. "글은 곧 사람이다"라고 한 프랑스의 문예비평가 뷔퐁의 말마따나, 이 수필 한 편에서 그의 삶의 자취가 고스란히 묻어난다. 거듭 말하거니와, 그는 세 살 때 아버지를 여의고 홀어머니 밑에서 모진 시련을 겪으며 자랐다. 그런 까닭에 아버지 얼굴을 알지 못한다. 이것이 그에게는 평생을 따라다니는 한이 되었다. 아비 없는 자식으로 사촌들과 차별 대우 받으며 성장한 아픔과 그로 인해 아버지에 대한 더욱 짙어진 그리움이 「홍시」를 통해 가슴 뭉클하게 그려져 있다.

늦가을 어느 날, 역시 큰댁에 내려갔다. 할머니 신발만 보이고 사촌형은 없었다. 그냥 돌아서 나오려는데 방문이 풀쩍 열리며 할머니가 들어오라는 손짓을 하시는 것이 아닌가. 할머니에게 응석을 부리거나 귀여움 받을 처지도 아닌데 왜 오라고 하실까 생각하며 엉거주춤 할머니 방으로 들어갔다.

뜻밖에 벽장에서 빨갛게 익은 홍시를 하나 꺼내 주면서 말씀하셨다.

"네 형이 오기 전에 얼른 먹어!"

예상치 못한 큰 횡재였다. 고맙다는 인사도 잊은 채 그 홍시를 허겁지겁 먹으니 그렇게 달고 맛있을 수가 없었다. 정신없이 다 먹고 난 뒤 그제야 할머니를 바라보았다. 흡족한 마음으로 빙긋이 웃으니 할머니도 환하게 따라 웃으셨다. 처음 보는 할머니의 밝은 웃음이었다. 손으로 입가에 묻은 감물을 쓱쓱 문질러 닦아 주셨다. 그리곤 혼잣말처럼 중얼거리셨다.

"네 아비만 살아있다면……."

그 한마디 말은 지금까지 잊은 적이 없다. 한 번도 불러보지 못한 아버지 이야기는 어린 가슴에 늘 짙은 그리움과 슬픔의 상처로 못 박혀 있던 대목이기 때문이다.

할머니인들 그가 정말 미워서 그랬을 것인가. 채 피어도 보지 못하고 떨어져 버린 자식에 대한 애끓는 모정을 손자인 그에게 오히려 역설적으로 표현한 것이 아닐까. 그도 훗날 철이 들고 자식을 출가시켜 손자가 생기면서 그런 할머니의 애달팠을 심정을 깨닫고 눈물짓는다.

할머니에게 아버지는 가슴에 묻은 자식이었다. 나를 보면서 항상 먼저 간 둘째 생각에 못내 안타까운 속울음을 삼키셨던 것이다. 자라서 부모가 되고 늙은 나이가 되어서야 겨우 그것을 절실히 깨닫게 되었다.

도 수필가의 굴곡 많았던 삶의 자취는 이 수필 말고도 여러 편에서 찾아볼 수 있다.

그가 사업가로서 승승장구해 갈 무렵, 철석같이 믿었던 후배로부터 두 번 다시 되새기고 싶지 않을 만큼 충격적인 일을 당한다. 이 일을 그는 이렇게 술회하고 있다.

> 삶에는 끊임없는 이해利害의 탐욕이 있게 마련인가. 십여 년 전 그때, 믿었던 후배의 배신으로 많은 것을 잃었다. 물질상의 피해는 말할 것도 없고, 내 심경 또한 깊은 절망의 나락으로 떨어졌다.
>
> -「불광」 가운데서

> 남게 된 경제적 손실 또한 너무나 큰 몫이었다. 사기詐欺로 받은 대출채무를 갚겠다고 한 그를 용서하고 합의를 해 풀려났으나, 그는 단 한 푼의 채무상환도 이행하지 못했다. 물욕 때문에 얼룩진 범죄로 그는 신용을 잃고 추락하기 시작하였으니 더 이 이상 사회에서 재기할 수 없었고, 일순간 타인을 쉽게 믿은 대가代價로 나 역시 치유할 수 없는 큰 상처를 입었다. -「상처」 가운데서

그는 그 절박한 상황 속에서 엄청난 방황을 하게 되고, 다친 마음을 다스리기 위해 은해사 절집을 찾는다. 어느 날 밤, 은해사 주지 스님으로부터 지난날의 업을 풀고 용서하라는 법문을 듣는다. 그는 스님의 충고를 통해 상대를 용서하는 것만이 스스로의 마음을 치유하는 길임을 깨닫는다. 그날 밤 스님이 베푼 한마디

가르침은 그의 삶의 물꼬를 부정에서 긍정으로 트는 데 결정적인 작용을 하게 된다.

> 산사의 저녁 시간이 깊어가고 있었다. 오랜 시간, 내 '한恨' 의 심경을 스님에게 토로할 수 있었다. 이야기를 들으신 스님은 지난날의 지은 업을 풀고, 용서하며 살라는 긴한 충언을 주셨다. 용서는 증오심으로부터 자신을 자유롭게 해주며, 그 증오의 집착에서 벗어나야 미래로 나아갈 수 있다. 그 때문에 용서는 곧 자신을 위한 것이라는 말씀이었다.
>
> 스님의 이 '버림으로써 얻게 되는 불광의 깨우침' 에 마음이 편안해지고, 증오의 집착을 털게 되니, 관용의 여유가 생기는 듯했다. 놀랍게도 다음 날, 그 심한 정신적 갈등과 방황을 끝내고 집으로 돌아올 수 있었다. -「불광」 가운데서

그는 수필 작가로 입문하기 전에는 화학을 전공한 공학도였다. 한양대학교 공과대학을 나와 청춘을 산업계에 바친 베테랑 엔지니어가 늦깎이로 수필가의 길을 걷게 된 것은 흔치 않은 일이다. 공학과 문학, 이 대극점에 있는 두 생의 방향 사이에서 평생 해 온 것을 버리고 영판 다른 길을 간다는 것은 결코 아무나 할 수 있는 쉬운 일이 아니다. 이것은 그에게 풀어내지 않으면 평생의 한이 될 녹록지 않은 삶이 바탕을 이루고 있었기에 가능한 일이 아니었을까 싶다. 물론 타고난 문재가 뒷받침되었음은 두말할 나위가 없다. 이것이 그의 삶의 자세에 뜨거운 박수를 보내고픈 이유이다.

♠ 자기 성찰 그리고 생의 의미 찾기

수필은 자기 고백을 통한 치유의 문학이다. 도 수필가는 누구보다도 굴곡 많은 생을 살아오면서 깊은 한을 간직하게 되었고, 그 한을 수필로 풀어냄으로써 생의 의미를 찾고 있다. 공학도인 그가 수필을 알게 된 것이 얼마나 다행한 일인지 모르겠다. 수필로 생의 아픔을 치유함으로써 한층 의미 있는 삶을 살 수 있는 계기가 되었으니 말이다.

표제작인 「돌아오지 않는 연어」에서 이 점은 확연히 드러난다. 도 수필가는 일찍이 아버지를 여의고 홀어머니 밑에서 모진 고생을 하여 자수성가한 전형적인 한국의 아버지상을 지녔다. 그러기에 누구보다도 자기 삶의 방식에 대한 애착이 강할 수밖에 없을 것 같다. 그래서 외국에 나가 살고 있는 하나밖에 없는 아들이, 연어가 모천회귀를 하듯 귀국하여 부모와 함께 오순도순 살기를 원한다. 하지만 아들은 직장과 아이들 학교 문제를 핑계로 아버지의 청을 단번에 거절해 버린다. 당연히 아버지의 바람을 들어주리라 믿었던 그로서는 아들의 주장에 엄청난 상실감을 느낀다. 그가 아버지 없는 어린 시절을 보내었기에 그 충격은 더욱 크게 다가왔을 것이다. 하지만 어쩌겠는가. "세상이 바뀌어 연어는 더 이상 돌아오지 않는다. 따로 그들의 길을 찾아갈 뿐이다."라는 말로 스스로를 달래고 있다. 이 구절에서 세월을 거스를 수 없다는 그의 씁쓸한 마음이 읽혀진다. 그러면서 스스로의 다친 마음을 다스리려는 다짐도 확인하게 된다.

그가 자신의 삶을 성찰하면서 생의 의미를 찾아가는 이야기는 「일장 일막」에서도 잘 드러난다. 이 작품을 통해 그는 아내와의 갈등과 화해를 실감나게 그리면서 부부애를 다지고 있다.

중년을 넘기고 이른바 권태기가 올 무렵, 사소한 다툼이 시작되었다. 어느 날, 언쟁은 점차 위험수위를 넘나들다 마침내 안전핀마저 빠져버렸다. 아내는 대쪽 같은 성질의 장인어른을 닮아 양심적이긴 하나 때로는 직선적인 표현도 마다하지 않았다. 지난날의 쌓인 감정까지 다 내 쏟으며 마지막은 가출까지 선포하는 것이었다.

"그렇게도 내게 불만이 많으면 어디 혼자 한번 잘 살아보세요!"

이 거침없는 한 마디가 남자의 자존심마저 허물어뜨리게 했다.

"좋아! 갈 때는 마음대로지만 그 이후는 그렇게 잘 안 되니 그렇게 알아."

이 장면에서 갈등은 극에 달한다. 마침내 아내는 가출을 감행하고, 그는 "할 테면 한번 해보자"는 식으로 오기를 부린다. 그렇게 며칠이 흐르고 식사 도우미로 부른 파출부를 남편과의 불륜으로 의심한 아내가 예고도 없이 나타난다.

부부싸움은 칼로 물 베기라고 했던가. 사실 남편도, 아내도 화해의 방법을 이미 알고 있다. 아내는 모처럼 저녁 밥상을 준비하고, 남편도 식탁에 오른 도루묵조림을 아내가 바라는, 예전 상태로 '도로 돌아가자'는 화해의 의미로 받아들인다. 둘 사이에는 이미 소통의 강이 흐르고 있었던 것이다. 그러면서 잠든 아내의 모습을 바라보며 측은지심을 느끼는 화자의 심리를 실감나게 그리고 있다.

> 자존심 센 아내도 그제야 반론 없이 겨우 묵묵부답이었다. 오히려 떫은 웃음을 웃는 듯 마는 듯, 묘한 표정으로 슬그머니 거실로 자리를 뜨니 며칠간의 냉전은 한 끼 식사도 제대로 해결하지 못하는 내 무능만 재인식시켜 주고 막을 내렸다.
>
> 한밤중에 가끔 아내의 잠든 모습을 보게 된다. 모로 누인 작은 어깨, 그리고 꼬부린 두 다리는 꽃잎 위에 접은 나비의 날개처럼 지쳐 보인다. 싸움의 그 기개 대신 이제는 세월 속의 체념이 숨어있는 것 같다.

한편 젊은 시절 자식들에 대한 소홀했음을 토로하고 그 미안함을 고백하면서 되돌릴 수 없는 아픔에 가슴 아파하고 있는 작품도 보인다. 이 수필은 비슷한 경험을 지닌 독자들로부터 특히 많은 공감대를 불러일으킬 수 있는 그의 대표적인 작품이라고 하겠다.

또 수필가는 어느 해 성탄절을 앞둔 세모에 있었던 일을 평생토록 잊지 못한다. 아침 출근을 하면서 아이들의 방문에 양말들이 한 짝씩 매달려 있는 광경을 목격하게 된다. 그것은 아들딸들이 그에게 남긴 "산타의 선물을 핑계 댄 애교 섞인 아름다운 메시지"였다. 그랬건만 회사 일에 쫓긴다는 핑계로 아이들의 그 순수한 바람을 저버리고 만다. 이 일이 그를 두고두고 후회스럽게 만든다. 왜 좀 더 챙겨보지 못했던가, 뒤늦게야 뉘우치지만 이미 기차는 떠나가고 난 뒤이다. 지난날의 가슴 저리는 심경을 그는 이렇게 그리고 있다.

> 한 번도 속을 썩이거나 비뚤어진 적 없는 아이들 모습이 머릿속에서 지워지지 않았다. 즐거운 시간을 함께했던 날들이란 유치원이나 학교 졸업식장 나들이가 고작이었다는 생각이 이어졌다. 그들의 아름다운 초대를 일 핑계로 외면해버린 못난 아버지의 모습이 점차 확대되어 왔다. 즐거운 기대를 무참하게 꺾어버린 비정한 가장이었다.
>
> -「외짝 양말」 가운데서

도 수필가의 경우와 비슷한 경험이 누구에겐들 없을 것인가. 다들 한두 번씩은 가슴속 깊이 뉘우칠 일을 겪게 마련이다. 사랑은 기회가 왔을 때 베풀어야 한다는 말이 있다. 그 가르침을 새삼 곱씹어 보게 만드는 작품이어서 공감대가 크다 하겠다.

♠ 가을 산의 단풍 같은 수필집을 기대하며

누구 없이 단풍 든 가을 산의 풍경을 눈여겨본 적이 있으리라. 형형색색으로 물든 나무들의 자태가 말 그대로 한 폭의 그림이다. 이 그림이 너무도 화려하기에 중국 당나라의 대 문장가였던 두목杜牧은 이월의 꽃보다도 더 아름답다고 읊지 않았던가. 가을 산의 단풍이 이처럼 아름다울 수 있는 것은 그것이 지니는 어우리짐의 미 때문이다.

수필이 단풍처럼 아름답기 위해서는 바로 이 어우러짐의 미를 지녀야 할 것이다. 한 편 한 편이 아무리 좋은 수필들일지라도 모아 놓고 보면 독자들에게 쉬 지루함을 줄 수 있다. 그것들의 색깔이 서로 비슷비슷할 때이다. 훌륭한 수필가라는 소리를 들을 수 있으려면, 물론 한 편 한 편을 놓고 보아도 좋아야 하겠지만 전체 작품을 두고 살폈을 때 다양한 형식과 다양한 내용을 지녀야 할 것이다. 이렇게 다양한 수필이라야 독자들을 붙들어둘 수 있다. 도무웅 수필가의 내공과 역량으로 미루어 볼 때 얼마든지 이루어낼 수 있으리라는 믿음을 갖게 된다.

도 수필가의 첫 수필집 『돌아오지 않는 연어』가 세상에 빛을 보게 되었음을 뜨거운 마음으로 축하하며 두 번째, 세 번째 수필집이 연이어 나오기를 기대한다.